そんなに親が悪いのか

荒井　茂

そんなに親が悪いのか

親面接の一つの考え方

学樹書院

目　次

はじめに　6

第1章　親面接の従来モデル ……………………………………… 9
　子どもの問題は親が原因か？／親を責めても解決しない／問題は相互間で起こる

第2章　親面接の一つの進め方 …………………………………… 31
　親面接の目的は何か／親と良い関係を作る／悪循環から良循環へ向かう／親を継続的に支援する／受理者の燃え尽きを防止する

第3章　関係機関との連携 ………………………………………… 97
　関係機関と連携する／警察による送致（通告）

第4章　親面接のワンポイント …………………………………… 117
　今までの親の対処への質問　──　親の力を引き出す／親との10分面接　──　時間が10分しかなかったら／親子並行面接　──　親が子どもを連れてきた／遵守事項による指導　──　子どもが守れる約束をする／親との連絡　──　良いことを報告する／親一人に一人で面接　──　より対等な面接をする／父（母）の招致　──　家族で力を出す／親面接の展開　──　親と一緒に笑う／事態の好転　──　子どもが動物を連れてきた／子どもの携帯電話対策　──　フィルタリングサービスを利用する

参考文献　138
おわりに　140

はじめに
──この本を読んでくださる皆様へ

　今、子どもの問題に対して、親を巡る論議がマスコミなどにおいて盛んに行われています。社会の耳目を集める子どもの犯罪があれば、必ずと言ってよいくらい親が引き合いに出され、専門家や有識者と称する人たちによって様々にコメントされます。ただ、よく聞いていますと、コメントの多くは親自身の問題やしつけの悪さを指摘し、親を否定的に見ているようです。子どもが悪いことをしたのだから、仕方がないということでしょうか。

　また最近では、無理難題をふっかけたり、何かにつけ、いちゃもんをつける親をクレーマーとかモンスターペアレントと呼んで揶揄しています。こうした親は昔からいたようですが＊、今もおもしろおかしくあちこちで話題にされ、本に書かれ、テレビで放映されたりしています。そうされることで、親と関わる多くの方は

＊明治から昭和初期にかけて、学校に来ては子どもの授業風景を廊下から窓越しに熱心に見つめる母親たちがいて、周りは「廊下すずめ」と呼んでいたとか。そうした親たちが、時として自分の子どものことで、学校や先生たちに無理を言ったことは、容易に想像できます。

はじめに

「そう、そう、その通り！ 子どもの問題は親の問題なんだよなあ」と、にやっと笑って溜飲を下げるかもしれません。日頃から、親対応で苦労されている方にとっては、このような親批判は的を射ているのでしょう。

しかし私は、そうすることで、益々親が社会に対して背を向けたり、行動をエスカレートさせてくるのではないかと心配しています。つまり、「子どもが問題を起こすのは親が悪いから」と社会が親を非難する→非難された親は、心を閉ざしたりあるいは自分が悪いと認めたくなくて、行動を改めようとしない→それに対して、社会がさらに強い口調で親を問題視する→益々親が過敏になって、常軌を逸した反撃をする…という悪循環に陥ってしまうことです。このことに気がつかないで、いかに親が問題であるか理路整然と述べても、いかに親が周りを困らせているかと声を大にしても、子どもの問題の解決にはならない気がします。

そこで私は、この悪循環を断ち切るために何ができるか考えてみました。自分が経験から学んだものに過ぎませんが、親との面接を通して、親との関わり方をまとめたものです。これから親などの援助職に携わる方、保護司や民生児童委員、少年補導員などの司法・福祉ボランティアとして親と関わる方、保育園・幼稚園や学校の先生方、そして地域のリーダーとして活躍されている方々にも是非お読みいただければ幸いです。

なお、文中にはいくつかの事例を掲載させていただきましたが、

これらにはすべて変更を加えてあるか、または、いくつかの事例をつなぎ合わせて、私が新たに作り直しています。特定の方や機関ではないことを、あらかじめご了解いただきたく思います。

第1章
親面接の従来モデル

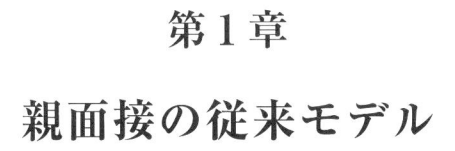

● 第1章　親面接の従来モデル

子どもの問題は親が原因か？

よくある見方

　ではさっそく、私たちの子どもの問題への対応から考えてみましょう。

　先ず私たちは、子どもが不登校や非行などの問題を起こしたとき、必ずと言っていいくらい、「なぜ？」とか「どうして？」と聞きます。「なぜ学校に行けないの？」「どうして友達を殴ったの？」などと聞くのは、理由が分かれば問題が解決すると考えるからです。確かに、不登校の背景に同級生からのいじめがあったり、けんかの理由が先輩からの恐喝であったりすることもあるでしょう。そうした場合は、いじめや恐喝に関する情報を探して、すぐに手を打つことで問題は解決するかもしれません。

　しかし、子どもに何度聞いても、原因らしいことは言わない。あるいは、周りに聞いてもそうした事実はない、もしくは明らかでないとします。そうしますと、私たちは、子どもの問題行動はその子が持っている性格（人格）が原因ではないかと考えます。例えば、「あの子はとても繊細で傷つきやすい面がある。だから些細なことでもくよくよ悩んで、学校に行けなくなるんだ」とか、

子どもの問題は親が原因か？

「あの子は小さい頃から乱暴で、攻撃的な性格を持っていた。よくケンカしていたもの。だから今回また友達に暴力を振るったんだ」などと理解しようとします。いかがでしょうか。そう考えますと、私たちは子どもの傷つきを癒そうと、そばに寄り添い受容したり、継続的なカウンセリングで不快な感情や不平や不満を自分の言葉で語らせたり、あるいは、攻撃的な行動のコントロールのしかたを教えたりして対応します。いえ、問題を起こした子どもにガツンと厳しく、時にはこんこんと説諭することもあるかもしれません。ここでうまくいけば、子どもへの対応で解決となります。

　ところが、この対応がうまくいかなくて、何度も問題行動を繰り返していますと、今度はおもしろいことに、では、「子どもは、どうしてそのような性格になったのか？」と疑問を持ちます。生まれつきの資質なのかな？　いや、友達関係で形成されたものかな？　それとも学校？　などといろいろ考えます。でも、多くの人の考えつくところは〈親によって作られた〉となるのです。子どもの性格や行動の問題を、あの子の親は一人親だから、継父（母）だから、親も元ヤンキー、アルコールやギャンブル依存で…などと親自身の問題にしたりします。また父母が不仲で争いが絶えない、子どもそっちのけにして遊んでいる、とにかくしつけが甘すぎる（厳しすぎる）、しつける能力が全くない、子だくさんでは目が届かない…などと親機能を取り上げて、理解しようとするの

● 第1章　親面接の従来モデル

です。
　つまり、私たちは子どもが問題を起こしたときに、何とか親の落ち度やしつけの不適切なところを探して、子どもの問題は親が原因であるような考え方をしがちなのです。そのことを**図1**に示しました。しかし、このような見方が本当に正しいのでしょうか。私は少し疑問を持っています。

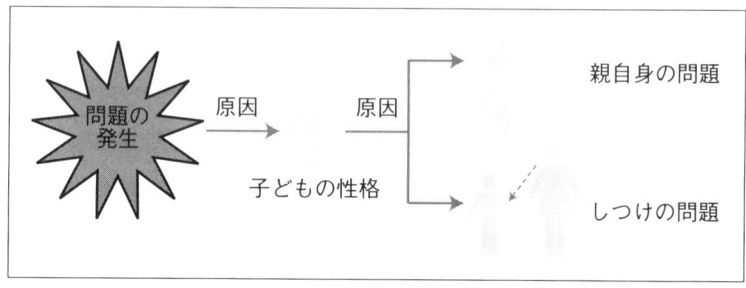

図1　子どもの問題が起きたときの、よくある原因の見方

原因は一つではない

　子どもの問題行動は親だけの問題なのでしょうか。そんなことはありません。少し反論させてください。
　先ず、子どもが起こす問題行動の背景には、いじめられ体験や犯罪被害体験など辛い思いが潜んでいることがあります。例えば

「学校や地域でいつも仲間はずれにされて…」「同級生から暴力の被害にあって…」「自分だけが高校受験に失敗して（挫折体験）…」などの体験をしたために、不登校になったり、社会に出るのが嫌になったと引きこもってしまうことも十分あり得ます。また、「（殴られたり、パシリにさせられたから）もう絶対被害者にはなりたくない！」と加害者側に回る子もいます。非行集団の中には、かつていじめられっ子だったり、犯罪被害にあった子も多く存在することが、以前から指摘されています。被害体験ということが大きく心を傷つけているのかもしれません。

　次に社会や時代の変化もあります。万引きを例に挙げましょう。子どもの万引きは相変わらず跡を絶ちません。原因の一つとして、子どもの規範意識が低下してきたことが言われています。私は「悪いという意識はありつつも、万引きしてしまう」その垣根の低さが問題なのだと思います。一方で規範意識も低下しているのでしょう。そのことに特に異論はありません。ただ、この問題の背景には、物が豊富になり、購買意欲をあおる社会の変化も大きく影響していると思います。店番のいるドアを開けて、「こんにちは」と対面して買い物する時代ではありません。今、店と道路の境がわからなくなるほど品物が溢れています。だからといって、決して盗んでよいわけではありません。しかし、誤解を恐れずに申し上げれば、好奇心をそそる多くの物が溢れている店が、子どもたちにとって絶好の遊び場、秘密の基地と化して、遊び感覚で取っ

● 第1章　親面接の従来モデル

てしまうこともまた事実ではないでしょうか。もちろん、万引きは絶対に認められませんが。

　インターネットや携帯電話の普及もしかりです。上手に使用すれば、こんなに便利で有効な道具もありません。多くの人が大きな恩恵を受けています。しかしそこには、親の知らない詐欺や出会い系サイト、そして書き込みのトラブルなどの危険が潜んでいます。親がついていけないのです。またネットゲームなどにはまって、止めたくても止められない依存の問題もあります。今、多くの子どもたちには個室が与えられ、携帯でのやり取りや、ネットへのアクセスが24時間可能となっています。親の見ていないところで、深夜まで中高生が熱中し、片時も離れられなくなったという心配をよく聞きます。ある親は「うちの子は完全にネット依存です」と嘆きます。当然、学校に遅刻したり、成績の急落が見えて不適応を起こす子どもも多く見られます。ですから、これらの問題もすべて親のせいにするのは少し無理があるように思います。「与えた親が悪い」と言われればそれまでですが。

　次に、子どもの問題行動の背景にあるものとして、近年注目されているのが、発達障害などの資質的な問題です。いくつかある発達障害の中から3例を取り上げてみました**（表1）**。なお、発達障害は単独で表れる他、重複して症状を示す場合もあるようです。

　いずれも脳機能の微細な障害と言われていますが、まだ、解明はされていません。もちろん、「こうした障害がある子どもが必

子どもの問題は親が原因か？●

表1　発達障害の例

AD/HD（注意欠如・多動性障害）
不注意と多動性、衝動性の３つの症状が基本。注意力が散漫で落ち着きがない。〈人の話を落ち着いて聞けない〉〈順番が待てない〉〈突然人にぶつかってくる〉などによりトラブルを起こすこともある。
＊学童期に最も目立つとされる。

LD（学習障害）
知的能力全般に大きな遅れはないものの、読む・書くなどの一部の能力が不十分。例えば、漢字は普通に書けるのに、簡単な分数ができないなど学習能力のバランスに欠ける。
＊知的障害とは明確に区別される。

アスペルガー症候群
関心と活動の範囲が限定される。以前見たことや聞いたことに関しては驚異的な長期記憶を示す一方で、約束を守れないなど、対人・社会的関係が形成されにくいこともある。
＊言葉の遅れを伴わない自閉症とも言われている。

ず問題を起こす」などとは決して言えません。しかし、こうした子どもは、癇が強かったり、カッとしやすい傾向を持っています。また、その場の空気が読めず、失礼なことをストレートに言ってみたり、うまく周りの子と遊べないなど、親から見ればある種の育てにくさを持っています。そのため、いつも「ダメ、ダメ！止めなさい！」と制止されたり、「どうして何度言ってもわからないの！」と叱られたり、周りから「あいつは変なやつ！」「バカ！」

第 1 章　親面接の従来モデル

などといつも否定的な見方をされれば、時には攻撃的になったり、逆に、「どうせ自分はだめな人間なんだ」と自己否定感が強まり、集団に適応できなくなることは十分あり得るでしょう。これを二次障害と呼びます。

　こうした資質を持っている子どもに対しては、どんな親でも、誰が育ててもしつけは難しいと思います。最近こそ、発達障害という概念が医学・教育界を中心に広まってきました。そして早期発見・早期対応が叫ばれ、「二次障害の防止に努めましょう」と言われるまでになりました。しかし、普通の親はまだまだそうした視点も知識もありません。ですから、当然対応のノウハウもありません。親は「ちょっと他の子どもと違っているかな？」「うちの子は、どうして何度言ってもわからないのだろう」などと疑問は感じていたかもしれません。ただどうしてよいかわからず、将来どうなるのだろうと不安を抱きつつ、本当に苦労して努力して育ててきたはずです。そうした親の対応を非難しても、子どもの問題は何も解決しないと思います。

　そもそも、「原因がわからなければ対策は立てられない」ということが本当なのでしょうか。事故や災害防止さらに病気治療などの分野では、この原因探しがとても大切です。どうして事故・災害が起こったのか？　と原因を徹底して究明し、これからの防止対策を立てます。また、体の痛みが外傷なのかウイルスによるものなのかによって、使う薬は違ってくると思います。このこと

をそのまま子育てに当てはめてよいのでしょうか。私たちは日常、原因などわからなくても対応はしています。例えば、幼い子どもがちょっと転んで、ワーワーと泣いたとします。そのとき、どうしましたか？ 打撲によって痛みの神経が…などとは誰も考えません。すぐに飛んでいって「痛かったねえ。よしよし、大丈夫よ。痛いの、痛いの飛んでいけー」と優しくなでて治してきました。原因なんか考えず、魔法の言葉で解決しているのです。

親自身が抱える問題

　それでも、今、百歩譲って親が子どもの問題行動の原因とします。では、どうして親が原因となったのでしょう。そのことに対して私はまず、問題を起こした子どもの〈親のその親の問題〉を挙げたいと思います。自分の子育ては、どんなに多くの他人の子育てを見てきた人でも、自分の育ち方から大きな影響を受けます。自分が親からどのように育てられたのか？ ということです。兄弟が少なくなった今、多くの人は、自分が育てられたこと以外子育てを知りません。ですから、当たり前ですが、ほとんどが自分の親と同じ子育てをするのです。よく世間では「あの親子は顔がとっても似ている、性格がそっくり」などと噂しますが、いやいや実は生き方も子育ても恐いくらい似ているのです。時々私は、

● 第1章　親面接の従来モデル

　子育てDNAというものが本当に存在するのではないかと思うことがあります。
　少し例を挙げて説明します。「言うことをきかないから」と殴られて育てられた子どもが親になると、自分の子どももことあるごとに力で制止しようとします。当然でしょう。このやり方で育てられたのですから。また、子どもがぐずぐずしたり、遊んだりしてきちんと食べないでいるとき、「もう、食べなくていい！」などと言って、食べ物を取り上げる親がいます。本当はたくさん食べて欲しいと思っているのに、言葉では「食べるな！」と言うのです。そして本当に子どもが食べないと「だからいつまでも大きくなれないんだ」と皮肉ったりします。本当は勉強して欲しいのに「勉強しなくていい！」と怒鳴ったりするのも同じです。親の気持ちと言葉が裏腹なのですから、子どもに矛盾した二つのメッセージを同時に送っています。これを、親が子どもを二重に拘束している（ダブルバインド）と言います。当然、子どもは混乱し、食べた方が良いのか…食べない方が良いのか、勉強した方がいいのか…それとも…と混乱し、行動はフリーズしてしまいます。
　私の相談事例です。子どもが門限を破って遅く帰ってきました。そんなとき、「家に入るな！　出て行け！」と怒鳴る親がいます。親は子どもが「ごめんなさい。もうしませんから」と謝罪して出ていかないことを期待して言うのです。しかし、子どもはそうし

ないで、怒って出て行きますと、今度は慌てて携帯などで帰宅を呼びかけます。子どもは「え？　どっちなの！」と混乱してしまいます。ずいぶん意地悪そうに見え（聞こえ）ますが、親自身もそうやって育てられたと考えると理解できます。そうなのです。子どもへの対応は、自分が子ども時代にされたこと以外、なかなか思いつかないのです。

　もう一つ、虐待を例に挙げましょう。虐待されて育った親は、やはり自分の子どもを虐待してしまうことが多いと言われています（虐待の連鎖）。もちろん子どもへの虐待は連鎖だけでは説明ができません。親自身が「子ども時代に愛された経験がない」「経済的不安や育児負担などの生活ストレスを溜めている」「心理的・社会的に孤立している」そして「望まぬ妊娠や親にとって意に沿わない子どもと感じている」ことなどが言われています。しかし、親は自分のされてきたことをするのですから、虐待しているという思いはないのかもしれません。子どもを虐待して逮捕された親が、「虐待はしていません。しつけの一貫でした」と言ったという報道をたびたび耳にします。随分ひどい、鬼のような親だと心が痛みますが、自分が同じことをされて育ってきたなら、あながち嘘ではないと思います。その親にしてみれば、自分が受けてきた"しつけ"を子どもにしているだけなのでしょう。

　また「うちの子どもにだけはこうして欲しい」などと無理難題を要求する親がいます。ことあるごとに、自分の子どものことし

● 第 1 章　親面接の従来モデル

か信じないで、周りにいきり立つ親もいます。対応は大変ですが、配偶者や舅姑との関係でそう言わざるを得ないのかもしれません。そう言わないと、子どもを守ってやれない弱い親と言われるとか…。また自分はダメな親だと分かっていても、それを認めたくないために、周りに攻撃的になる場合も考えられます。自分の子育ての失敗は認められないものです。単に、「自分の子どもだけがかわいいと思っている、自己チューな親である」ということだけでとらえては、配慮が足りないように思います。モンスターと言われる親の多くは、話せる人や心許せる人がそばにいなく、実は子どものことで孤軍奮闘している親なんです…と言ったらほめすぎでしょうか。

　その他、何度か面接を重ねると、親自身の問題が見えてきます。借金を抱えていたり低所得などの生活基盤の弱さを持っている、不眠やうつなどの精神的症状または身体の病気で治療を受けている、家族の介護や夫婦不和そして育児ストレスを抱えている、子どもの非行や不登校で仕事中に呼び出される…など、親自身が苦しんでいる例はたくさんあります。そういう意味では、親が子どもの問題の一因になるのかもしれません。しかし、こうした親に、親族や近隣、友人、職場などのサポートが届かない場合、さらに苦しむ結果になるのです。面接中に、子どもの話をしながら、自分のことに触れ涙を浮かべる親も大変多いと感じています。話をされながら、悔しさ、辛さ、寂しさなど様々な思いがこみ上がっ

てくるのでしょう。そんな中で、せめて親と関わる私たちが、親を批判したり評価したりするのではなく、親と温かい関係でそばに寄り添い、親のサポーターになることはできないものでしょうか？

親を責めても解決しない

親指導への疑問

　私たちは、子どもの問題解決を目指すときに、親に「子どもにはこうした方がいい。親自身こうあった方がいい」と助言して、親の対応を変えることで子どもの行動改善を促そうとすることがよくあります。これを親指導と称している方がいます。対応を教えてあげること自体は間違いではありませんし、助言は否定しません。

　しかし、前述しましたように、親指導の立場にある人が、子どもの問題行動の原因を親に帰する場合は、親に反省を求め、「改まった態度で子育てをしてもらいましょう」と考えるようです。ですから、どうしても親の子育ての欠陥を見つけるまで探し続けて、それを指摘しようとするのです。例えば、親が子どもの言

● 第1章　親面接の従来モデル

いなりになっていそうだと感じますと、「もっと厳しくして、子どもを家から出さないようにしてください。甘すぎますよ」とか、どうも夫婦が不仲のようだと聞きますと、「ご夫婦でもう少し力を合わせて（仲良くして）、対応した方がいいですよ」などと助言します。こういった助言は一見ごもっともな教えに聞こえますが、私は少し疑問です。なぜかと言えば、親はその助言を本当に受け入れて、実行することができるのか？と思うからです。

　先ず、そうした助言や指導を「非難された」と感じる親がいます。「もっと厳しくして」と言われることは、今まで厳しくしてこなかったことへの非難、また、「夫婦で協力して」と言われるのは、今まで不仲で協力し合わなかったことへの非難と受け取られるのです。もちろん助言した側にはそうした意図は全くありません。純粋に、受け入れてもらえばうまくいくと思っています。しかし、親が助言や指導の名の下に、過去の対応を責められていると感じてしまえば、それを受け入れようとする親はいないと思います。

　さらに、長い時間をかけて、習慣的に取ってきた行動や性格、考え方などはなかなか変えることができません。それは自分を見ればよくわかります。自分でもいけないと思っても、変えられない行動はしばしばあります。

　私は肥満体型で、周りから食べるのを控えるように言われています。でも、実はなかなか改善できていません。親が今までの対応を改善するよう言われて、「ああそうですね。もっと厳しい対

応にしましょう」と納得したうえで変えていくのは、本当に大変難しいのです。長年そうしたスタンスで対応してきたからです。夫婦が不仲で、日常会話もあまりないのに「もう少し二人で力を合わせて…協力し合いましょう」などど他人に言われても、従えないでしょう。でも、それが本音だと思います。

親からの抵抗

　親としての立場、習性を十分理解しているにもかかわらず、助言を受け入れようとしない親に対して「だから、子どもがよくならないんです」と伝えている対人援助職の方も時々見受けられます。よかれと思って、熱心に親を指導するのです。しかし、前述しましたように、指導されることは、親は時として攻撃されたと受け取るのです。私の面接において、「あるところに行ったところ、針のむしろに座らされて、こうしろああしろ！と寄ってたかって責められた」と言われた方がおりました。親が心細いながら一人で行ったところ、数人が相談にあたったそうです。もちろん、助言した側はこうした方がよいという親切な助言をしたつもりなのでしょうが、あんなところに行かなければ良かったという印象に終わってしまったようです。

　親が、私たち援助職がよかれと思って行った助言を攻撃と感じ

● 第1章　親面接の従来モデル

ますと、二つの反応をするようです。一つは、「もう結構です！私たち家族には今後一切構わないでください！」とか「子どもを施設にでもどこにでも収容してください！」などとその場でキレてしまう場合です。そしてもう一つは、「はいはい、わかりました。おっしゃる通りにいたします。有り難うございました」と丁寧に言って、その場から一刻も早く逃げるという反応です。もちろん、心の中では「あっかんべー。そんなことできるか！」と叫んでいるかもしれません。それを知らずに、「自分は良い助言をした。あの親はよくわかってくれた」と思っていたら、これはもう喜劇です。取りあえず次回の面接を予約しても、きっと来所されないのでは、と心配してしまいます。親は私たちの助言や指導を受け入れる前に、強い抵抗を抱くこともあることを忘れてはなりません。

　今、市区町村では○○相談というのがたくさんあります。その中で税務相談とか法律相談などは、主として正解な知識や情報などを提供しています。ですから尋ねる側は、この件で税金はいくら払わなければならないのか？　また裁判は起こせるのか？　起こせないのか？　起こせる場合、手続きはどうするのか？　などを聞きたいでしょう。ですから、白黒がはっきりしたシャープな回答が望まれます。「それは、どうでしょうかねえ。よくわかりません」などと曖昧な答えは、相談した側が心配になってしまいます。

　一方、教育相談や子どものしつけ相談など、人の性格や行動が

伴うような場合は少し違います。「親としてこうあるべきだ」「子どもにはこうすべきだ」などという正しい答えがあるわけはありませんし、親がそれを知りたいと思っているとは限りません。もちろん、暴力や虐待は認められないことは伝えなければなりませんし、また不登校の施設や非行の矯正機関、こども病院などの情報提供が必要な場合は、はっきり教示しなければなりません。しかし、それ以前に来談者には微妙な心の問題があるのです。親は疲れている、悲しんでいる、怒っているなど、そうした気持ちを理解して対応していかないと、思わぬ心理的抵抗にあい、問題解決が前に進まなくなります。

　どんな親でも、たとえ子どもが不登校になろうと非行に走ろうと「自分なりに子どものしつけはしてきた。教育も受けさせてきた」と思っています。実際、その親なりにしつけも教育もしてきたでしょう。また、子どもにとってそんなに立派な親もいないと思います。いたとしたら、それを乗り越えなければならない子どもは、とても大変だと感じます。どうですか皆さん、自分の子どもの人格を傷つけかねないことを言ったり態度で示したりしたことが一度もない親なんて、いるのでしょうか。子どもに思わず手が出てしまった？　それもあるでしょう。ですから、親の対応を問題視し、親を厳しく指導しても、子どもの問題は解決しないことを、しっかり知る必要があります。

　ではいったい、問題というものは、どのようにして起こるのか。

● 第1章　親面接の従来モデル

少し考えてみましょう。

問題は相互間で起こる

少年相談の事例から

・事例・

　ある学校の先生が私のところに来られて、次のように嘆いていました。
　「先日、担当している生徒が学校の展示物を壊してしまいました。その生徒は、日頃から落ち着きがなく、衝動的な行動を取りやすいので、教員間で共通理解をし、注意していました。以前も友達とふざけていて、けがを負わせたことがあるので、すぐに親に知らせて、学校に来ていただこうと思って電話しました。当然のことでしょう。親としての謝罪や壊した物の弁償の件がありますから。そうしたところ『そんなことで、いちいち会社に電話して来ないでください！』と怒って、電話を切ったんです。自分の子どもなのに、申し訳ありませんの一言もなかったんです」と憂いを込めて述べられました。
　先生はさらに続けて、「こうした親だから、自分の子どもの行

動改善が期待できないのです。放任家庭で、親としての監護機能が全く働いていないんです。ですから協力関係を作っていくのは無理ですね」との嘆きでした。私は思わず、「先生は大変だなあ。忙しい授業の合間に電話しているんだろうに…なんてひどい親なんだろう」と、うなだれている先生に同情してしまいました。

　ところが、しばらくしてその生徒の親が相談に来てくださったのです。もちろん仕事を休んでのことです。繰り返し問題を起こす子どもの話の後で、学校との関係についておっしゃることには、「私は離婚して、一人で子ども４人を育てています。[４人！ それは大変ですね。]養育費はいっさい受け取っていませんので、経済的には正直大変苦しいんです。[そうでしょうね。]ですから、私が一生懸命働かないと家族が生きていけないのです。[なるほど。]今の会社をクビになれば、生活ができませんから。[それはそうですよね。]それなのに、仕事中に電話で呼び出され、いきなり早口で『（子どもが）何か展示物を壊したので、すぐに学校に来てください』はないでしょう。以前も学校からそうした電話があったのです。そのときは、けがを負わせた子どもさんに申し訳ないと思って、すぐに行って謝りました。でも今回は、あまりに強く一方的に言われた（親がそう感じてしまった？）ので、思わず『そんなことでいちいち電話して来ないでください』と言ってしまったんです」とのことでした。

　「思わずだったんです…」そう言いながら涙ぐむ親の話に、「な

● 第1章　親面接の従来モデル

るほど、そんな布石があったのか」と、こちらも思わずうなずいてしまいました。

問題の相互性

　この先生と親のやり取りから、何がわかりますか？　当たり前のようですが、問題は一方（片方）ではなく、相互の関わりの中で起きているということがわかります。どちらか一方が悪いということではないのです。この話の流れを矢印にして、**図2**に示してみました。

　話は絶えず相互に流れ進んでいきます。そのため、第三者として話を聞く場合、〈流れのどの場面で区切るか〉によって、話のとらえ方が随分違ってきます。当然抱く感情も異なります。今、親が「そんなことでいちいち電話しないでください！（②）」と学校に連絡したという時点でとらえますと、「何という親なんだ！ひどい親だなあ！　だから、子どもの指導について協力が期待できないんだ」と思ってしまいます。しかし、その一つ前、学校からの話の流れで、「（いきなり）学校に来てください（①）」の時点で区切りますと、「ひとり親で、子どものために一生懸命働い

問題は相互間で起こる●

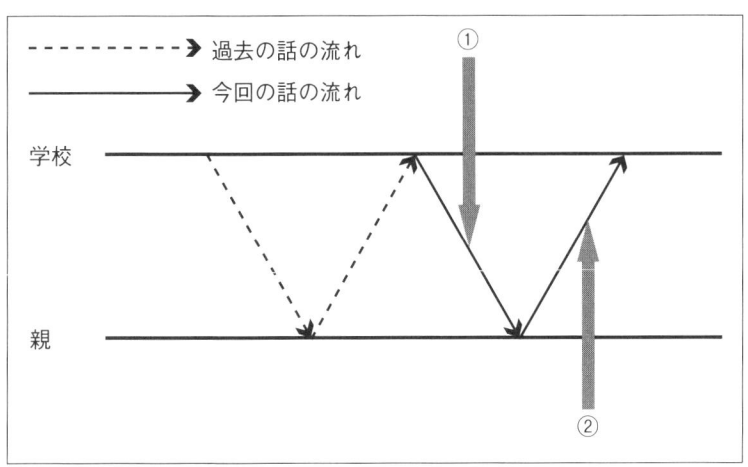

図2　学校と親の相互の関わりの中で起きている問題
①：(いきなり) 学校に来てください。
②：いちいち電話しないでください。

ているのに…もう少し配慮があってもいいかなあ」と思ってしまいます。

　このようにして考えますと、改めて申し上げるまでもありませんが、問題は親個人や学校そのものに単独で存在するのではなく、両者の関わりの中で起きていることがわかります。それは、親子間、夫婦間、家族間あるいは職場間のトラブルなどでも同様です。ですから、どちらが悪いのか、誰が悪いのかという犯人決めをしたり、また、一方だけを非難したり反省を求めたりするのは、問題解決という的を射ていない気がします。ましてや、子どもの問

● 第1章　親面接の従来モデル

題行動の解決は裁判で行うことではありませんから。
　では今、親を支援するという立場から考えますと、どんなことができるのでしょうか？　私は、先ずは親と良い関係を構築しながら、親面接を重ねて行くことだと思います。親と対立しながら子どもの問題解決はできません。子どもの育成には、親が最大のリソース（資源）になり得ることは疑いのないことだからです。

第 2 章
親面接の一つの進め方

● 第 2 章　親面接の一つの進め方

親面接の目的は何か

対応の悪循環

　ここで、子どもの問題行動に対して、よくある援助職の対応を整理してみます。

　子どもが問題を起こしたときには、親から子どもの問題（状況）を聞く→子どもの問題行動の原因を探す→親自身や親のしつけの問題が見えてくる→親に指導・助言（ガイダンス）する→そのことで親自身を変え（改心させ）、行動を改めさせる→その結果、子どもが良くなっていく、ことを目指すというものでした。

　この流れを箇条書きにしてみます。

　① 親から子どもの問題（相談内容など）を聞く ── 親への質問
　　　↓
　② 親や家族に原因を見つける ── 親への回答探し
　　　↓
　③ 親に「こうした方がいい」と助言する ── 親への回答
　　　↓
　④ 助言したことを実行するように励ます ── 親の変化の促し

↓
　⑤　子どもが良くなっていく

　ただ、このやり方は、取り返しのつかない過去の親の問題を原因にしたり、正当と思われる助言・指導が親になかなか受け入れてもらえないことがあること、また、あまり強く親を指導しますと、反発されたりして信頼関係を損なうこともわかりました。そして何よりも、私たちが親が悪いという気持ちを持っていては、どうしても親を責めがちになりますから、親とうまく面接はできないように思います。

　そこで提案したい見方は、子どもの問題行動をなるべく〈原因→結果〉という因果関係（因果モデル）で考えないことです。因果モデルは前述しましたように医療などが身近です。「お腹が痛いのは、虫垂に炎症を起こしているから」「熱があるのは風邪のウイルスに感染しているから」などと原因を特定し、治療（解決）を目指します。医者に炎症を起こしている虫垂を手術で取っていただいたり、抗生物質を飲んだりするでしょう。それで解決します。ただ、子どもの問題解決は、そうした原因→結果の因果モデルではなく、〈子どもと親の関わりが悪循環を起こしている〉と円環モデルでとらえてはどうでしょう。

　ここでわかりやすく、子どもが夜遊びを繰り返すという例を挙げて説明します。因果モデルでは「子どもが夜遊びを繰り返すの

は、どうしてか？」と考え、例えば継父（母）がいて家に居場所がない、親が厳しく注意しない、それとも強い友達関係があって断れないのかな？ …などと原因を探していくことになります。一方、円環モデルは、子どもの夜遊びと、それに対する親の対応が悪循環しているとする見方です（**例1**）。

　この、子どもと親の対応が悪循環しているという考え方は、原因→結果論が〈親に原因があり（親が問題）、その結果子どもが悪くなる〉という親非難になりがちなのに対して、円環モデルは、親子のお互いの対応が悪循環していると考えるのですから、どっちが悪いのかという犯人決めをしません。悪者を作らないのです。ですから、その対応の悪循環さえ断ち切れば、何らかの解決が見えてくるという考えです。子どもの問題解決という希望が持てるかもしれません。

子育てのパワーアップ ── 親面接の目的

　さて、ではこの悪循環を断ち切るためにどうするのか？
　もちろん、「こうした方が良い」と親との関わりの際に助言や指導をすることで、子どもの問題を解決するやり方もあります。そうした専門家の教えを待っている方もいるでしょう。ただ、前述しましたように、助言を受け入れにくかったりもします。また、

親面接の目的は何か

例1　子どもの夜遊びと、それに対する親子の対応の悪循環

① 子どもの行動：友達と夜遊びをした（門限を守らなかった）
　↓
② 親の対応：それを知って、子どもを怒鳴りつけた
　↓
③ 子どもの行動：怒鳴られたので、家に帰りたくないと外泊する
　↓
④ 親の対応：「帰らないなら、施設に入れる」と脅す
　↓
子どもの行動：家から逃げ回り、親との関係がさらに悪化する

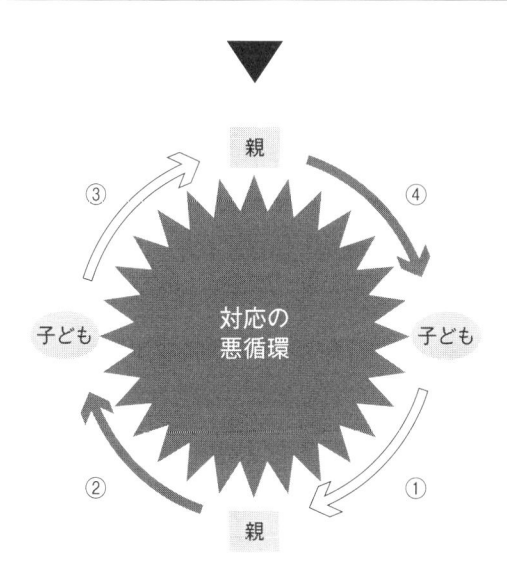

▼

対応の悪循環

親 / 子ども / 親 / 子ども
①②③④

● 第 2 章　親面接の一つの進め方

助言をしてくれる人をいつでも頼ったり、指示を待ったりして大きく依存を深めたりもします。

　少し話は逸れますが、対人援助を行う人が相談者や来所者から大きく期待されたり、高い評判を受けると、実は後々大変しんどくなるようです。それは来られた相談者の期待にいつも応えなければならない、また、相談者を失望させてはいけない、専門家として自分を低く見せてはいけない、などと、ずっと頑張り続けなければならなくなるからです。それはあまりにも辛すぎます。ですから「あなたはいつも適切なアドバイスをくださる。本当に神様みたいな人だ」と言われたら、十分気をつけた方が良いと思います。(「そんなことを言う人はいません！」。それはよかったです。)

　理想としては、親が、相談した人に教えられたことを何とか実行しようとするよりも、親として「子どものためにもう一度対応してみよう、もう一度頑張ってみよう」という、自分の子育てのエネルギーをアップさせていくことだと思います。そして親自らが少し変化したり、子どもと少し積極的にあるいは冷静に、何とかうまく関わっていくようになることだと考えます。つまり、親と面接する目的は、親自身の変化や子どもとの対応のエンパワーメント（力をつけること）を図ることだと思います。これを〈子育てパワーアップ〉と呼びましょう。この子育てする力をアップすることで、今後子どもと対応していく親の自信につながり、良

い循環に変わっていくことになると思います。

　ですから、親に「子どもの相談？　ああ、○○に行ってみたよ。ちょっと話を聞いてもらったけど、まあ何とか自分で解決したかな？」と感じていただくのが、理想的な親の支援なのかもしれません。どの家族でもそうだと思いますが、困りごとは家族の秘めごとでもありますし、あまり周りには知られたくないはずです。ましてや、大事な子どもの問題となれば、親はできれば自分の手で解決したいのです。もちろん、「あの方のお陰で、私たち家族は立ち直れた」と密かに思っていただくのも悪くはありませんが。

　ただ、親が自分自身で解決したいからと言っても、「じゃあ、自分で考えて対処してください」と突き放すということではありません。他人だからできることもあります。身内には言えないことも、面接室を離れれば会うことのない他人だからこそ、心の中に溜めていた不満や不平を思いっきり出せたりします。時には大泣きしたり（悲しみの表出）、怒ってみたり（怒りの表出）することもできるでしょう。さて、具体的に、親を支援する立場から何ができるか考えてみましょう。

　先ずは、親との良い関係作りです。お互いがいがみ合ったり、あるいは冷めた関係では相談を継続することはできません。では、良い関係作りのためにどうしたらいいでしょうか？　温泉に行って、一杯やって親しくなるわけにもいきません。良い関係作りのために、目の前に現れる親のタイプを知ることから始めましょう。

● 第2章　親面接の一つの進め方

親と良い関係を作る

親のタイプを知る

◉ ただ、来て（話して）みただけタイプ

　親からの相談を受理したり、また立ち話を交わしたりした中において、お会いしたすべての親が、子どもの問題解決を望んでいるわけではありません。典型的な例としては、子どもは外ではいろいろ問題を起こしているかもしれないが、親としてはそんなに困っていない。家の中ではそれ程大きな問題を起こしていないし、何とか対応できている。けれども、周りが困っていて「一度相談してみてください」と言われたような方です。

　解決をあまり強く望んでいないのですから、人に何かしてもらおうとか、自分で努力してみようとはっきりと意識してはいません。こういう親に対して「（子どもさんに）こうした方がいいですよ」などと助言しても、それほど乗ってきません。大体は「いやあ、そう言われましても、ちょっとね…」とか「以前もそれをやったことがあるんです。でも、子どもは変わりませんね。無理です」などと、できない（やらない）ことをほのめかします。解決への動機づけが低いと考えられます。確かにいます。思わず、何しに

来られたのだろう？ と不思議に感じられる方が。こういう方に対しても「本当によくいらっしゃいました」とだけはしっかりお伝えしましょう。

◉ 不満タラタラタイプ

　このタイプの方は、子どもの問題は感じていて、是非とも何とかしたいと熱心に考えています。しかし、子どもの問題行動の原因は、子ども自身や周りにいる配偶者や祖父母、そして学校の先生などにあると思っています。いえ、本当は自分のことはできるだけ見ないようにしているのかもしれません。そのため、子どもの問題を解決するためには、自分以外の人が変わらなければいけないと強く信じています。ですから、話し始めますと、自分のことは棚に上げて（すみません！）、子どもがいかに問題であるかを一つ一つ羅列したり、それに対して「夫（妻）が子どもときちんと向かい合わないから」とか「あそこの機関は、子どものために何もやってくれない。全く動きが悪くて…」などと、とにかく周りへの不満ばかり言います。

　いると思います。何か問題が起こると、先ず周りのせいにするタイプ。だからといって、こういう方に「あなたこそが問題なのではありませんか。子どもの問題改善のためには、あなたが変わらなければならないんです」などと言っても通じません。どうかそんなことおっしゃらずに、「なかなか思い通りには行きません

● 第2章　親面接の一つの進め方

ね」と苛立ちを分かち合ってください。そして、これはとても大切なことですが、是非きちんと面接時間と場所を決めて実行してください。決して長くなったり、親に振り回されたりしませんように。

◉ **意欲満々タイプ**
　子どもの問題行動で苦しんでいて、何とか解決したいと思っています。そして、子どもの問題を自分自身の問題ともとらえており、解決のためには自分の考え方や行動も積極的に変化させなければならないと感じています。そのため、子どもの問題改善のためには、意欲を持って前向きに何かに取り組んでいきます。周りからの助言も受け入れ、「よし！ 親としてもう一度やってみよう。もう一度力を出してみよう」そんな姿勢が見えます。子育てパワー全開というところでしょうか。います！ 話しながらピンと感じてくださる方。そして実行してくださる方。このタイプの方には次回までの課題を設定したり、きちんと日時を決めて継続面接をしていくことが大切です。
　ただ、実際にはかなり無理をされて、そうしたポーズを取られる親も少なからずいます。また、毎回の面接で意欲満々とはなりません。ですから、こちらが調子に乗って、あまりにも大きな課題を出したりしますと、親は内心「周りの期待に応えなければ」と大変苦しむことになりかねません。あまり頑張らせないことも

大切です。「まあ、お母さん（お父さん）無理せず行きましょう。できることから始めましょう」と伝えることを忘れてはなりません。

親を徹底してねぎらう

　さて、それでは具体的な面接のやり方を見ていきましょう。
　親と会って最初にすることは何でしょうか？「はじめまして」のあいさつ。そして自己紹介して、名刺を出す…いいですね。その前に、何はさておき温かい（冷たい）お茶を出す…それもありでしょう。で、その後すぐに「ご相談内容をお聞かせください」とか「どのようなことでお困りですか？」と本筋に入りますか？　私は、この初めの瞬間がとても大切だと思っています。で、私のすることは何か？　それはずばり！〈親を徹底してねぎらう〉ことです。私は少年相談の仕事を続けて、一番好きな言葉が、この（親を）"ね・ぎ・ら・う"という4文字です。では、何をねぎらうかです。
　一つは、この面接の場に来ていただいたことです。多くの親にとって、学校や公的機関などはまだまだ敷居の高いところです。(「そんなことはない！ 低くなったからこそ、モンスターペアレントやクレーマーが増えてきたんだ！」という声が聞こえてきそ

● 第2章　親面接の一つの進め方

うですが…まあ、まあ冷静に)。そうしたところに来ていただいたんです。「本当によくおいでいただきました。ここまで遠かったでしょう」「今日はとても寒かった（暑かった）ですね。ご苦労様です」と。また、仕事を休んだりしている場合は、「仕事を休まれて…それは大変でしたね」と、思わず親より頭を低く下げてしまいます。時給が支給されないパートやアルバイトの方もいらっしゃいます。また、中学生や高校生の子どもを連れてきたような場合、これはもう「子どもさんを連れて来られたんですか？ それはすごいですね。まだまだ親として、お力を持っています」とねぎらいます。普通、子どもが中学生くらいになると、相談機関や他人宅などに連れてくることはあまりできません。「え？ 相談？」「何話すんだよ！」「時間のムダ！」「行かねえよ！」で終わりですから。

　もう一つは、今までの子育てへのねぎらいです。かつて、あるいは今、確かに子どもに不適切な対応をしたかもしれません。しかし、何とかここまで育ててきたのです。また、今は子どもが不登校や非行を繰り返しているかもしれません。でもその親は何度も学校に行ったり、警察に呼ばれたりしながらも、何とか子どものために対応してきたのです。特に、一人親で相談する人がいなかったりした場合は大変だったでしょう。「一人親だから監護能力がない」などというステレオタイプの嘆きではなく、「お一人で大変でしたね」「今まで本当によく頑張ってきました」との親

親と良い関係を作る

へのねぎらいが自然に出てきます。このように何度もねぎらうことを、〈ねぎらいのシャワー〉を浴びせると言うと聞いたことがあります。不快になっているとき、気分を変えたい時、シャワーは心身ともに本当に人を気持ちよくさせてくれます。ですから、親へのねぎらいのシャワーは、辛い気持ちや悲しい感情を繰り返し洗い流し、人を生き生き元気にさせてくれると私は信じています。こうして親にねぎらいのシャワーを浴びせながら、面接を続け、ささえて行くことが大切だと考えます。

「取りあえず、関係機関に相談して欲しい」などと言われて、渋々来られた、いわゆる来てみただけタイプの親は、面接に多少なりとも抵抗を示します。先ずは予約時間に遅れてくるかもしれません。そして、例えば寡黙に振る舞い、あまり自分から話をしない。逆に、愛想よくにこにこしているだけ。また多弁で一方的に話すが、子どものことと関係ない話をする。さらには、問題は自分にあると思ってもいないのに、「あの子を育てた私が悪いんです」などと宣言して終わりにしたい…そういう方もいます。この場合は、話を深めていくことはできにくく、また何か別の対応をお願いするのも無理がありますので、このねぎらいのシャワーだけで終わることもあります。「そうですか、大変でしたね。で、特に問題はない？…（特にない）。それはよかったですね。では、必要があればどうぞまたご連絡ください」などと伝えて、とりあえず終わりにしましょう。

● 第2章　親面接の一つの進め方

親と対等な関係になる

　前述しましたように、学校や相談機関は大変敷居の高いところです。ですから、問題を起こしている子どもを持つ親は、世間から下に見られているという感じを持っています。これは本当です。そうしたはっきりした上下関係になりますと、私たちはどうしても上から目線になる傾向があるようです。すると、水が必ず上から下に流れるように、親に向かって、話が一方的に流れやすくなります。と同時に、親からの話が流れにくくなります。それを防ぐためには、私たちと親が対等な関係になる必要があると考えます。その方が話は相互に流れ、お互いの理解が進み、子どもの問題解決についての話はスムーズにいくでしょう。では、どうしたら対等な関係になれるのでしょうか。
　それは、下に位置すると感じている親が上になることではありません。普通はできません。ですから、子どものことで相談を受けたり話を聞くこちら側が、ちょっと低い姿勢になる〈ワン・ダウン・ポジション〉を取る必要があります。そうすることで、ようやく対等な関係になれて、親は受け入れられたという感じを持つことができるのです。それは、こちらが弱腰になることでも退いてしまうことでもありません。ワン・ダウン・ポジションを取って親と対等になることは、親と話しやすく良い関係を作るコツな

親と良い関係を作る

のです。「困っていることを、どうぞお話しください」と促すことや、「そのことについて、もう少し教えてください」などとお願いする姿勢が大切です。

　時々私は、若い方から「親面接がちょっと苦手で…」という声を聞きます。確かに、「親に対して何か少しでも役立ちそうなことを教えてあげよう。伝えてあげよう」などと考えると、かなり難しくなるかもしれません。私も正直、役立つことを言う自信はありません。でも、そんなに心配する必要はないと、自分では考えています。子どものことで気がついたことがあれば、それほど遠慮することなく親に伝えましょう。自分に子どもがいなくても問題ではありません。私たちはみんな子ども時代を経験しています。それに、戦国時代も江戸時代も生きたことのない人が、見てきたような立派な歴史書を書いているんですから（例えが少し違うでしょうか？）。ただ、若いゆえにわからないことがあるかもしれません。そのときは、どうぞ親に対して「今おっしゃった〇〇について、教えてください」とか「（親としての）お考えを是非お聞かせください」と、ちょっと低い姿勢になって尋ねてみてください。きっと、親と良い関係ができると思います。

　私はかつて、相談を受理する方が袖付き椅子に構え、相談に来られた方がパイプ椅子に座るという場面を見て、少しショックを受けたことがあります。子どもの相談ではありませんでしたが、最初から上から目線の感じです。やはり「私はあなたに教えてあ

● 第2章　親面接の一つの進め方

げますよ」という、上下関係を表したいのでしょうか。それとも、何かしらの権威が必要だったのでしょうか。スポーツや学問での師弟関係ならいざ知らず、子どものことで困った親の相談は、同じ椅子を使って、できるだけ対等な関係になるようにして受理しましょう。職場を考えてみてもわかります。上司の前ではやはり話しにくいものです。ですから、相談ということで話を聞く場合は、上下関係を作らず進めた方が、話はスムーズに流れ、解決には効果的だと思います。

　私たちが上に構えて、（親に対して）「子どもにはこうした方がよいですよ」などとあまりにも強く方向付けしますと、受理者と親の力関係は上下に固定してしまいます。そうしますと、親がいつも上からの指示を待つスタンスになってしまい、反対に親自身の力が発揮しにくくなる場合もあります。また、親が「こう子どもと対応したら、（相談している人に）どう思われるかな」などと考えてしまい、逡巡してしまうことも考えられます。ですから、こちらがワン・ダウンして、対等な関係を保つことは、「子どものことを一緒に考えましょう。どうぞ、親として力を出してください。あなたの大切な子どもなのですから」というメッセージを送ることになります。

親に合わせる

　親と対等な関係になりましたら、次は親に寄り添い合わせていくことです。
そのために、取りたい姿勢を3つ上げてみます。

◉ 努力や関心、興味に合わせる
　親の会社やパート先での苦労話や自慢話、そして家庭内で自分なりにやってきた努力…子どもの問題解決には一見関係ないように感じることでも、そう言わず、「そうですか。それは大変でしたね。（よかったですね）」と合わせてください。親が相談に出てきた背景には、「今まで私なりにやってきた。だからそうした苦労や努力もわかってほしい」という、切なる願いが必ず隠されています。そして親の趣味や興味にも積極的に関心を示します。「私はゴルフが好きでねえ」と話されましたら、「全く！ 家庭を顧みないで」などと思わずに、「良いですね。私も大好きでたまに行くんですよ」とか「そうですか。私は全くやったことがないんですが、随分楽しそうですね」などと返していきます。

◉ 動きや口調を合わせる
　親の中には、こちらからうかがってもなかなか発言していただ

● 第2章　親面接の一つの進め方

けなかったり、さまざまな情報を提供しても、なかなか決断できない方がおります。「あの…その…ちょっと…」と。でも、「優柔不断な親だなあ」などとイライラしないでください。急かさずに、少し待ちましょう。静かな方には静かな口調で、そして、ゆっくりした方にはゆっくりとした対応が基本です。元気な方には？ 多少元気な対応が良いでしょうか。また、「そうされた方が良いと思いますが」と丁寧に伝える場合が良いときと、「それいいよ、とにかくやってみようよ」と気さくに言った方が、良い関係が保たれる場合があります。親一人一人を見て、親の口調や動きのペースに合わせていく必要を強く感じます。

◎ 家族への仲間入りをする

　問題を起こす子どもの家庭は、誰が原因ということではありませんが、膠着していて柔軟性に乏しい関係にあることが多いと私は感じています。親と子どもの争い、父母間の対立、家族間の協力のなさなど、いつも同じパターンで固定されています。そしてそのパターンが日夜繰り返されているのです。ですから、先ず親に対して「何か解決のお手伝いをしたい。仲間入りさせてください」と子どもの問題解決に役立ちたいという気持ちを率直に表します。そして、私たちが家族に仲間入りし、親と新しい良い関係を構築することで、親‐子、親‐祖父母間などの固定パターンを変化させ、家族間に新風を送ることができます。そうすることで

家族間の関係改善が進むかもしれません。もちろん、厚かましい仲間入りは避けなければなりません。

親の話を十分に聴く

　現場は忙しく、「親の話なんてゆっくり聞いてられないよ」という声を耳にします。確かに時間はないかもしれません。しかし、それだけの問題ではないと思います。私たちは親と話していて、冗長で（回りくどくて）わかりにくかったり、要領を得ないと感じることがあります。そうしますと、大変イライラし、聞くことに集中できにくくなります。また、親だけが一方的に延々と、例えが適切ではないかもしれませんが、それこそ機関銃のように話し続けることなどはしばしば経験します。どなたでも、しばらくは聞くのですが、聞き続けることができなくなると、「もうわかった、わかった」と言葉を遮ったり、「ちょっと、それは無理ですね」などと結論を急いで伝えて、終わりにしたいと思うことがあります。現場にいて、人の話をゆっくり聞けないということがとてもよくわかります。

　さらにもう一つ、親の話を十分聞けない理由として、私たちは目の前にいる親の対応がおかしいと思うことがあります。例えば、中学3年の子の門限を夜6時に決め、子どもが守らないと言って

● 第2章　親面接の一つの進め方

は怒鳴っている親。小学3年から進学塾に入れて、入試が近いのにサボってばかりいると嘆く親。そんな親を見ますと、（子どもに早く帰ってもらって、親が安心したいだけなんだろうなあ…などと考えて）、「門限をもう少し遅くしたらどうですか？　中3で6時は早すぎますよ」とか、（良い大学を出たって、良い人生を送れるとは限らないと思って）、「今まで、勉強勉強でやってきたのだから、少しゆっくりさせたらどうですか？」などと答えて、終わりにしたい気持ちが働くでしょう。助言の通りかもしれませんが、しかし、親にはわかってもらえません。そうしますと、親の心の中には「結局、あの人に話しても自分の気持ちはわかってもらえなかった。だったら、話すんじゃなかった」という不全感だけが残るように思います。

　こうした親の背景には、私たちがわからない苦労や辛い体験があるのだと思います。親には親の事情や成育があります。「夫（妻）とは以前から不仲で、ほとんど話ができません。だから、せめて子どもとだけは仲良くしたいのです」と、子どもにまとわりつく親。「私も夫（妻）も勉強ができない環境で育ったため、高校にはいきませんでした。だからせめて子どもだけは一流大学に進んで欲しくて…」と、過去を振り返って切々と語る親。親も辛いのです。「よくお話ししてくださいました。大変だったでしょう」と、その辛い胸の内を聞いて、ささえていくのが私たちの役割ではないでしょうか。

親と良い関係を作る ●

　確かに、人の話を聞くことは骨の折れることなのです。学校の先生は、子どもたちに勉強を教えたい、教育を行いたいという思いでなられたはずです。またこれから、人を支援する機関の職員になろうとしている人は、人のために何か役立つことをしたいと思って目指すのです。ですから、相手に対して「こちらから伝える」「言ってさかせる」「望ましいことを教える」という気持ちがどうしても強く働くのではないでしょうか。そう、聞くより話す方が断然得意なのです。でも、そこを何とか辛抱し、親の心に耳を傾けて聴いてほしいのです。これを傾聴と言います。
［この〈聴く〉は、親の話を構えて聞くという門がまえではなく、〈注意して耳を傾ける〉ということで、あえて耳へんの聴くを用いました。］
　私は若いとき、人の話を聴くときは「目は大きく、耳はさらに象のように大きく、そして口は小さくする」と指導されたことがありました。〈聴く力〉をつけろ！という励ましと感じました。以後、**例２**のように実践しています。

例２　話の聴き方

「困っていることからお話しください」と積極的に聴く姿勢を示す。
↓
（話し始めましたら）「うん」「そう」「ええ」などと相づちを

● 第2章　親面接の一つの進め方

> 打つ
> ＊相づちが一辺倒にならないよう、「それで？」「結局は？」などと聴く。
> ↓
> 「なるほど」「よくわかります」などと肯定的に返す。
> ↓
> 時々、「おっしゃりたいことはこういうことですか？」などと話を整理したりまとめる。
> ↓
> 「もう少し教えてください」などと、話を促進させる。

　おわかりのように、先ずは話を否定することはしませんし、親との議論も避けるようにしています。このように話を聴いていくことは、下記の効果をもたらします。

◉ 心の浄化（カタルシス）をもたらす

　私たちは、日常のあいさつや仕事上のやりとりなど、きちんとした会話だけでなく、電話や電車でのたわいもない長話、酒を飲みながら延々と続くおしゃべりなどをよくしています。聴いていて、あまり内容もなく、結論も出そうにありません。どうでも良いことやどうにもならないこと、そして単なる愚痴。ワープロにでも起こしたら笑ってしまうでしょう。一見ムダなことのように

見えますが、実はこのおしゃべりは、大変大きな効能があります。

それは話す人の気持ちをすっきりさせるということです。話し手の心を浄化させてくれるのです（カタルシス効果）。もやもやした不快な気持ちや、メラメラとした怒りの気持ちが吹っ飛ぶのです。かの有名な兼好法師も徒然草の中で、「もの言わざるは腹ふくるるわざなり」と記しています。それより何より、人にじっくり聴いてもらったことで、「いやあ、話してすっきりしたよ」という心地よい思いは、誰もが経験していることではないでしょうか。

●安心感をもたらす

繰り返し問題を起こす子どもを持つ多くの親は、辛く苦しい気持ちを抱えています。また周りに迷惑をかけるのではないか、また誰かに注意されるのではないかと恐縮し、私たちの例で言いますと、それこそ事件の心配までしています。胸の内を話したいのに話せない状況にある親もいます。そして周りとの接触を自ら制限し、不自然に自分の心を閉じようとしているのです。

そんな中で、辛く苦しいその胸の内を、真剣にじっくり聴いてもらいますと、本当に自分の気持ちがわかってもらえたという感じを持ちます。やがてそれが、「親としての自分の存在を否定されなかった」そして「気持ちを受け入れてもらえた」「親として周りから認めてもらった」という安心感につながっていきます。

● 第2章　親面接の一つの進め方

「言えてよかった。わかってもらえてよかった」という思いです。親は何とか救われ、子育てに少し自信が持てるようになります。

◉ 考えがまとまる

　私たちは困難なことに遭遇したり、どうしたらよいかわからないと感じたりしますと、よく人に電話したり相談したりします。そう、話をするのです。そして、不安なことや心配なことをあれこれと話をしている途中で、急に新しい何かがひらめいたり、絡まった糸がほぐれるように、「あ、そうか。わかった。そういうことだったんだ」と気がついた経験をしたことはありませんか？
　そうなのです。実は私たちは、人と話をしながらも、自分で考えをまとめたり、新しい見方や発見をしたり、そして自分なりに決断をしていくことを日頃からよくしているのです。ですから、誰かにじっくり話を聴いてもらうことは、自分の気持ちを整理したり、考えをまとめ発展させたりするためにも、とても大切なことなのです。

　人は誰でも自分の問題を解決する力を持っています。今、目の前にいる親は、一時的にその力が弱まっていると考えましょう。しかし、親は話を聴いてもらうことで、自己肯定感が高まり、問題解決の力が復活するかもしれません。

主導的な親と関わる

　子どもが問題を起こした場合、そのことに対する親の対応は一人一人異なります。積極的に関わろうとする親、逃げようとする親、無関心・冷静を装う親…。父母で相談に来られる姿を見ても、その違いに気づきます。大変元気なお母さんが、「あんた、早く早く！」と夫を引っ張ってくる。堂々としたお父さんの後を、背中を丸めてお母さんがついてくる…。しばしば見られる光景です。それは、子どもの問題の相談や解決に関する意欲だけでなく、普段から家庭で持っている力関係がそうさせているのだと感じます。私たちはこの力関係を見抜く必要があります。そして、先ずは主導的な親と関わるようにすることです。その方が面接がスムーズにいきますし、継続相談も可能になります（もちろん、どちらか一人で来られる場合はその親とお会いするだけですが）。

　一つの例として、母親がより主導的である場合を取り上げて説明します。その母親が、子どものことについてどんどん話したとします。「この人（父親）が、子どもにきちんと言わないから、いつまでもなめられているんです」などと言っても、それでも母親に話を合わせて遮らないことです。「こうしてお母さんが元気すぎるから、お父さんの力が出ないんですよ」などと教えないでください。消極的（尻に敷かれている？）な父親には、子どもの

● 第 2 章　親面接の一つの進め方

問題なんか聞かずに、取りあえずそのままにしておきましょう。時々は父親に話を振りながらも、当面母親の話に焦点を当てていきます。

　また、一見自信たっぷりで強そうに見える父親でも、子どもの施設収容や転校など家族の一大事に対して、「いやあ、その…」と母親の方を見て助けを求めるようであれば、改めて母親に決断を迫ればよいわけです。「で、結論としてどうされますか？」などと聞くまでもなく、母親が決めてくれるでしょう。その方が父親−母親関係に新たなストレスが生じませんし、子どもへの従来の対応パターンがそのまま利用できます。先ずは、主導的な親と関わり、良い関係を作りましょう。

　ただ、そこまで行きましたら、是非気をつけなければならないことがあります。それは、私たちが介入することで、主導的な親がますます力を出す一方で、片方の親がますます力が出なくなることです。例えば、私たちが主導的な母親と一緒になって、ついつい父親を責めたり、過度に元気づけたりすることです。これは避けなければなりません。「お父さん！　もっと子どもにビシッと言わなくちゃダメでしょ！」（母：そうそう、もっと言ってよ。何もしないんだから）とか、「もう少し威厳を持って子どもに向かい合わないと…」などと。これでは、父親は浮かばれません。主導的な母親と従属的な父親の力関係が、益々固定してしまいます。

そんなときは、主導的な母親を尊重しながら、父親に少し肩入れ（ひいき）することがあります。具体例を示します。

◉ 父親の努力や犠牲を認める

子どもの問題にあまり積極的に関わらないような父親でも、子どもや家族のためにやってきたことがあります。必ずあります。なければあるまで聞いてみてください。父親が家族を顧みなかったと非難されても、会社では、がむしゃらに働いて地位を上げてきたかもしれません。遅くまで残業も厭わなかったでしょう。家族の団らんはできなかったかもしれませんが、それは家族がお金で困らないようにという父親の努力です。

そうした、一家の大黒柱としての父親の努力や家庭内での犠牲を是非認めてください。そしてまた、父親が少しでも家族のために行動したこと（しないこと）がありましたら、「それはよく試みられましたね。たいしたものです」とか「お父さんのそういう考えで、敢えて行動しなかったんですね。なるほど」などと共感的に支持します。

◉ 父親に直接味方する

また、もう一つ肩入れのやり方として「私は（主導的なお母さんと対応するだけでなく）お父さんの味方にもなりたいんです」とストレートに伝えます。そして「子どもの問題解決のために、

● 第2章　親面接の一つの進め方

私と何か一緒にやってみませんか？」などと直接誘いをかけます。父親は「いやあ、そう言われても…今までもあまりやってこなかったし…やってもうまくなかったし…」などと言うかもしれません。

　そのときは「いえ、ほんの少しで…それもできることでいいんです」とすかさず返します。何かを試行することが良い結果をもたらすかどうかはわかりません。しかし、父親は味方を得ることで、子どもと対応しようとする子育てパワーが上がると思います。そして、父母の対応の悪循環と子どもへの対応の悪循環も断ち切れるかもしれません。

　このように、親と良い関係になりましたら、次は親と子どもの悪循環を絶ち切る作業です。そのためには、先ずは、これからのこと（未来）を見ることから始めましょう。

悪循環から良循環へ向かう

未来を志向する

　前に、子どもが問題を起こすと、必ずと言っていいくらい「ど

うして？」と原因を探すと述べました。それが悪いわけではありません。ただ、原因はほとんど過去のことです。だとしたら、正直もう取り返しがつきません。また何より、その原因とされたものが本当かどうかわかりません。こちらの勝手な想像かもしれません。ですから、親が「小さい頃に甘やかした私がいけなかったんです」と後悔の言葉を述べましたら、丨分聴いて、そのように思ってしまう気持ちは理解しつつも、「そのときは、子どものためによかれと思ってのことだったでしょう。自分なりに、精一杯やったのでしょう」と返してください。「子どもが不登校になったのは私のせいなんでしょうか？」と聞かれたら、「どの親も子どもが不登校になって欲しいと思って育てていません。お母さん（お父さん）もそうですよね」と伝えてください。それは本当のことですから。

　先ずは、親がこうした過去の呪縛から解放されるよう、未来を見る働きかけをしています。多くの人は辛くなったり、前向きに進めなくなったりすると、必ずと言っていいくらい過去を見ようとします。そして、「あのとき、離婚さえしなければ…子どもに寂しい思いをさせなかった」「ここに引っ越しさえしなかったら…あんな友達と出会うこともなかった」と悔いる親は多くいます。そしてよく次のような質問をしてきますが、私は以下のように答えています。

● 第 2 章　親面接の一つの進め方

Q1　子どもがこうなったのは誰が（何が）いけなかったのでしょう。
A1　特に誰が（何が）いけないということではないと思います。

Q2　何で、子どもはこうなってしまったのでしょうか？
A2　いろいろなことが重なったのでしょう。…

そして、次のように続けます。「私たちは子どもさんがこうした問題を起こしますと、先ず原因を探そうとします。でも、原因と思われる多くは過去のことです。ですから、今になって過去を振り返っても、あまり解決策が出てこないように思います。大切なことは、これから子どものために何ができるか？ 今から子どもに何をしたらいいか？ だと思います。いえ、決して難しいことをするのではなく、親ができることでいいのです。今から私と一緒に、できることを実行しませんか」と。

その通りだと思いませんか。親の離別（一人親）、愛情不足、そして生活苦…などが子どもの問題行動の原因かもしれません。そのことを、親が自ら振り返って、冷静に自分の行動を見つめ直すことに異論はありません。親の気づきを促すことには大賛成です。また、子どもとの面接でも、子ども自ら話をするなら、親のこうした問題を取り上げたり、親のことで傷ついたこころのケアも大切でしょう。親面接においても同様かもしれません。親自身

のこころのケアです。

　ただ私は、親の過去→過去と聞いていきますと、パンドラの箱（ギリシャ神話で、神がいっさいの悪と災いを詰め込んだ箱）を開けるのではないかと心配になることがあります。そうしますと、絶望だけが残るかもしれません。そして何より、いったん開けた箱は上手に閉めていかないと、親の傷ついたこころがむき出しになり、親自身がさらに苦しむことにもなりかねません。とすれば、子どもの行動改善には効果的ではないと思います。ですから、あまり過去にとらわれることなく、これから親が取り組む具体的な対応を応援しましょう。その方が解決への希望が持て、気持ちが明るくなる感じがします。先ずは未来を見ることへの働きかけです。

親の見方を変える

　子どもがいったん問題を起こしますと、親はどうしても子どもの悪い面だけを見がちです。悪いところ、問題とするところしか見なくなるというのが正しいかもしれません。「夜、近所にたむろして困る」「乱暴で周りに迷惑ばかりかけている」「学校にはいつも遅刻して行く」…等々です。そうしますと、子どもを見る親の見方が一方向に固定し、悪いところばかり見ては子どもを叱る

● 第2章　親面接の一つの進め方

という対応の悪循環から抜け出せなくなります。子どもの行動と親の対応が良い循環にならないのです。

　そんなとき、別の角度から見て、親を励ますことをお勧めします。「夜、遊んでいるのは確かに困ったことですねえ！　でも友達は多いんですね」「乱暴なところは是非直していかなければなりません。しかし、元気な良さは持っていそうですね」。「そうですか、遅刻してでも…学校には行くんですね。学校は好きなんですかね。勉強の必要性は感じているとしたら。それはすごい！」と肯定的な意味づけをします。こうした励ましはお世辞でもヨイショでもありません。子どもの行動を見る角度を変えて、今までの事実に新しい意味づけをしようとする試みです。言ってみればラベルの張り替えです。このことを〈リ・フレーミング（**再枠づけ**）〉と呼んでいます。例を図示しますと、**図3**のようになります。

　もちろん、夜の街にたむろしているのを、良しとしているのでも、乱暴な行為を肯定しているのでもありません。しかし、同じ行動でも見方を変えることで、否定的な行動が逆に肯定的な行動にも見えてきます。そうしますと、親の子どもへの対応は必ず違ったものになり、子育てパワーがアップすると考えます。私は親をはじめとして、大人が子どもの悪いところを見て叱ること（もちろんそれも時には必要ですが）から、ほんの少し、別方向から見てほめるに変わって欲しいと常々思っています。

　例えば、私たちはある少年を、大人（社会）に反発して、背伸

悪循環から良循環へ向かう ●

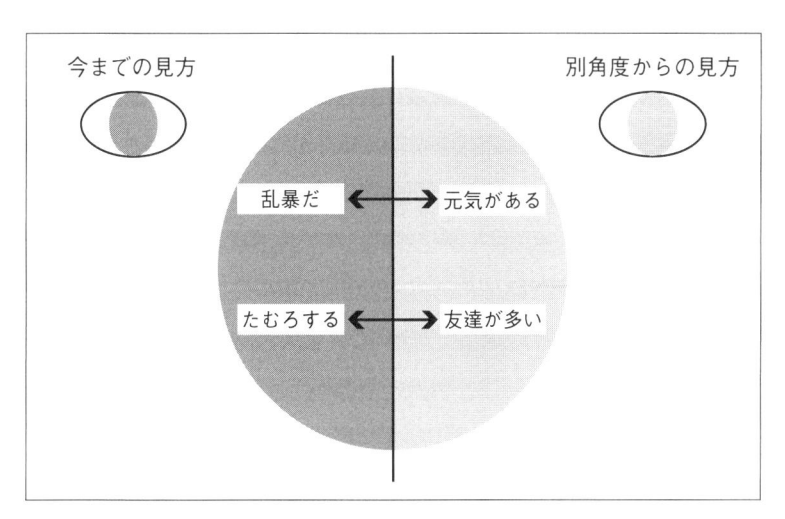

```
今までの見方                    別角度からの見方

        乱暴だ  ←→  元気がある

        たむろする ←→  友達が多い
```

図3　リ・フレーミングの例

びしてやせ我慢していると見ますと、「なんて、可愛くない生意気な子どもなんだ」と感じます。否定的に評価してしまうのです。そうしますと、ひたすら虚勢を張って、「大人の助けなど要らない！」「一人でやれるよ！」「おめえなんかに関係ねえよ！」と突っ走る子どもの行動に、ほとほと呆れてしまうことがあります。日頃から本当によく出会います。思わず「君なあ、そんなことでは、これから社会でやっていけないぞ！」と説教しそうになります。いえ、そういう説教も必要でしょう。

　しかし一方で、その少年の行動や言動を、自分の社会適応に向けた必死の行動と意味づけますと、「あの子も自分なりに必死に

63

● 第2章　親面接の一つの進め方

あがいているんだ」「子どもなのに大変な頑張りだなあ」と、そう背伸びせざるを得ないことに理解も生まれます。するとその少年に対して、「そんなに無理しなくていいよ。もっと甘えてもいいんじゃないの」などと、少し落ち着いて、冷静に話を聞いたり説論することができます。繰り返しますが、決して非行を肯定しているのではありません。

　また、こんな例もあります。子どもが消極的で困ると悩んでいる親がいました。そのときある方から、「おたくの子どもさんは、おとなしくて引っ込み思案ですね」（否定的な見方）と指摘されたそうです。親は「やっぱりそうだよね」と合点がいったのですが、正直何となく気分は良くなかったそうです。それからその方とはお会いしませんでした。ところがしばらくして、別の方から「あなたの子どもさんは、周りによく配慮し、大変慎重な振る舞いができますね」（肯定的な見方）と言われ、え？　と驚きながらも大変うれしくなったとのことです。もちろん性格的には同じ特徴なのに、〈消極〉か〈慎重〉か、別の角度から見ているにすぎません。その後、親は「『（子どもに対して）もっと元気を出しなさい！積極的に行動しなさい！』→［できない］→『だからあんたは愚図なのよ』→［うるさいよ］…といった、私と子どもの悪循環がなくなりました」と明るく語ってくださいました。

　子どもの否定的な面を指摘するのは、決して意地悪からではありません。「子どもによくない面（問題点）があるから、何とか

良い方向に直しましょう」という励ましなのです。勉強や習い事と同じで、「間違い（いけないところ）を正しましょう。そして満点取れるように頑張りましょう」ということなのです。それは痛いほどわかります。

　ただ前述しましたように、性格とか常習的な行動はなかなか直しにくいのです。そのとき、良い方から見て親を励ましていくことも、子育てパワーをアップさせる秘訣です。その方が親はうれしいですし、子どもと対応する力が湧いてきます。同じことを肯定的面から見るのは、事実を曲げているのではなく、親が子どもを見る目を柔軟にしようとしているのです。嘘ではありません。「そうか、うちの子もそんな良いところがあるのか」と再び思えるようになるからこそ、子どもへの対応は変化し、良循環に向かうと考えられます。

"うまくいっているとき"を見つける

　私たちが親と会う（面接）場合、ほとんどの親が子どものことで困っているときです。親子関係がうまくいっていないときに開始されるのです。ですから話の内容は、子どものこんなところが問題で…とか、今こんなことで困っていて…と子どもの問題行動を羅列しがちになります。そこで、この問題行動にだけ焦点を当

● 第 2 章　親面接の一つの進め方

てますと、では、どうすれば子どもがその行動を改められるか？ということになります。そうしますと、極めて常識的な助言になるようです。「子どもにはもう少し厳しくした方がよい」とか、あるいは逆に「もっと優しくした方がよい。優しく抱きしめてあげてください」などと、人によって違った助言にもなるのです。ただ、残念ながらこうした助言は、親にとって実行しにくいことがあるようです。「（しょっちゅう問題を起こして子どもを）優しく抱きしめてあげるなんてムリ！」と言われる親は結構います。

　そこで提案したいのです。親に対して〈子どもの問題がないとき〉、あるいは〈子どもとうまくいっているとき〉を聞くのはどうでしょうか。子どもが夜遊びをする、外泊をすると言っても、365 日出かけるのでしょうか。そんなことはないと思います。必ず家にいるときがあるはずです。親と子どもの関係が悪いとしても、24 時間ケンカしているわけではないでしょう。どこかで必ず、子どもの問題がないとき、あるいは子どもとうまく関われているときがあるはずです。それを聞くのです。「普通に話せるときはあるんですか？」「比較的落ち着いているときはあるんですか？」と。

　相談事例です。ある親が「子どもを登校させたい」と言って来られました。話は初めからずっと、不登校の話で、どうしたら子どもを登校させることができるかと聞かれました。学校からは「多少無理矢理にでも起こした方が良い」と言われ、別の方からは「し

ばらく落ち着いて見守るように」とアドバイスを受け、どちらも試したとのことですがうまくいきませんでした。私は正直どっちの助言が良いのかわかりませんでした。そこで、不登校の詳細をしつこく聞いていきました。するとどういうわけか、ある曜日だけは登校していることがわかりました。思わず「どうして、この曜日は登校するんですか？」と聞きました。親は「あれ？ そうだ」と驚いて、考えてくださいました。そして、子どもに対していくつかの対応を試され、少し改善を見たことがありました。親自身でやるべきことを見つけたということです。

　私は上手な助言ができませんでしたが、実は、このようにうまくいっているときを探していくことで、子どもとの対応のヒントを得ていくことが多いと感じます。例えば、「夜遊び？ それは困ったものですね（と共感しつつも）…ところで、子どもさんが出かけないことはあるんですか？」［ええ、ありますが…］「それはどんなときですか？ 最近ではいつですか？」と。また、「どうして学校に行かないの？」ではなく、「子どもさんが登校することはあるんですか？」［もちろんありますよ］、「え！ それは、どんなときですか？」と聞いていくことも効果的だと思います。子どもが暴れても、必ず落ち着いて話ができることもあるでしょう。それを見つけていくことで、これから対応していくことが見えてくるかもしれません。

　「珍しく私（父）が早く帰って家にいたときは、子どもは家に

● 第 2 章　親面接の一つの進め方

いた（夜遊びしなかった）」と語られたとき、「じゃあ、お父さん明日も思い切って早く帰宅しますか？」と関わったことがあります。さらには、

- （不登校の子どもを）いつもの母親ではなく、父親が起こしたら驚いて登校した。
- （家の中で会話がない子どもに）声かけではなく、携帯メールを送ったら返事が来た。
- 遠くからメールで頼んだら買い物をしてくれていた。「文頭に、ごめん！　お願い」とつけるのがミソだった。
- （寝起きの悪い子に）もう自分で起きなさい！　お母さんは知らん！　と言って、散歩に出たら、自分で起きて走って登校していた。　…

などたくさんあります。

　もちろん、それで問題解決できるということではありませんが、少なくても、親が考えることや実行することが見えてきます。

　うまくいった対応は、一般化することはできません。その子どもだけに特別に効果がある処方箋なのです。一時でも、気休めでもいいから、うまくいったなら、その対応をもう一度、そしてこれからも続けていくということが、親と子どもの悪循環を断ち切ることになるように思います。「…ほう、そうですか。子どもさんに合ったうまい対応もあるもんですね。その対応をこれからも是非繰り返してください」と励まします。「はあ？　そんなことで

悪循環から良循環へ向かう ●

いいんでしょうか？」と聞かれましたら、「十分です。これからも続けましょう」とにっこり返してください。
　一方、すぐに「うまくいっているときなんか、何もないです！」と言われた場合はどうしましょうか。そのときは「そうですか。そんなに簡単には見つかりませんよね」と言って聞くのを止めます。「何で登校したかって？　偶然じゃない」と言われましたら、「そうですか…」と返事をしながらも、時間をおいて、諦めずにもう一度聞いてみましょう。少し時間をかけて丁寧に聞いてみるのがポイントです。そして何か少しでもうまくいったことがあったら、「そんなうまいことがあったんですね」と是非声を大にして親に返してあげてください。ただ、何が何でも見つけなければいけないと思って、解決策を言わせる必要はありません。親に無理を言ったり、過度に励ましたりしますと、「できません！」と言って、離れていくかもしれません。親が苦痛に感じるようなことは止めて、できそうなことから始めましょう。

小さな変化をめざす

　うまくいっているときを見出せず、いつまでも親と子どもが悪循環を繰り返しているような場合、やはり親が対応を変えなければ、良循環にはならないような気がします。ただその際私は、「あ

● 第2章　親面接の一つの進め方

なた（親）自身、または、あなたの対応を変えなければ、子どもは良くなりません」とは伝えないようにしています。なぜなら、ほとんどの親が「こうして何度も問題を起こしているのは、子どもであって、私（親）は悪くない」と思っているからです。ですから、次のように申し上げております。

「子どもさんには、是非良い方向に変わってもらわなければなりません。しかし、肝心の子どもさんがここには来ていません（子どもが中学生にもなりますと、なかなか連れて来ることができません）ので、このことはわかってもらえないような気がします。仕方ありませんが、ここは一つお父さん（お母さん）に変わっていただかないと解決できないかもしれません。いえ、変わると言っても、ほんのちょっとで良いんです」と。問題は子どもなのですが、子どもにはわかってもらえないので、子どもを良くするために、親に一肌脱いでいただくというやり方です。その方が親のプライドは傷つけませんし、協力していただけると思います。そして、親の協力が得られそうでしたら、「子どものために、ほんの少しで良いんですが…どんなことが変えられますか？」と続けます。こちらがこうしなさいと言わないのは、親に受け入れてもらえないだけでなく、どのように変わればいいか、親が一番よく知っているからです。親はどうすればいいか本当はわかっているのです。

　親の財布からお金を盗む小学生の例です。いくら厳しく叱って

悪循環から良循環へ向かう●

も繰り返すので、ある方に相談したところ「お金は愛情のシンボルですよ。もっと優しくしてあげてね」と言われたそうです。しかし親は「今まで自分なりに愛情はかけたつもりです。それなのに、何度もお金を取られて…とても優しくなんかできません」と泣いていました。それもそうです。2～3回お会いして、親として少し力が出てきたときに、親自ら「これから徒歩20分くらいの神社に、子どもと泥棒をしない願かけに行こうかと思います」と話されました。周りからは「とうとう神頼み？」と冷やかされたそうですが、私は「大変すばらしい！」と絶賛し、定期的に行くことをお願いしました。親は帰宅した子どもを待ち構え、強引に捕まえて実行したのです。実行の状況をしばらく継続して聞いて、応援していきました。そして「今のところ持ち出しはないようです」という報告で終わりました。

　その後持ち出しがあったのかどうか知らされていません。もし、一時でも改善されたとしたら何があったのでしょう？　私は考える上で大切なのは、親子で歩く20分＋20分だったと思っています。他にも兄弟がいましたが、歩くときは親を独り占めにできて、ちょっと話をして…時にはアイスクリームやカードゲームを買ってもらったのかもしれません。それが結果的に子どもへの愛情となったのではないでしょうか。親が自分で決めて動いたことは、たとえ神頼みであったとしても、子どもと親の関係を大きく変えたと私は思います。でも、理由や解釈なんて特に必要ではあ

● 第2章　親面接の一つの進め方

りません。子どもの問題が少しでも改善されたら、それで良いのではないでしょうか。親が「○○しよう」と決めたときは、すでに親も変わっているのです。実行する時点でもう良循環になっているのかもしれません。

　話を戻します。親の変化を聞いたときに「もっと、親らしくします」とか「毎日早く帰宅して、子どもの面倒を見ます」といったような回答をされた場合は、要注意です。親らしくというのは、抽象的過ぎてどう変化するのかわかりません。また、毎晩午前様の親が、これから毎日早く帰るというような大きな変化は、実行（継続）できにくいのです。こういう場合は、「すみませんが、もう少し具体的に教えてください」と再度聞き返したり、「あまり無理はしないでください。変わるのは、ほんのちょっとしたことでいいんです」などと伝えることが必要です。そして、親が決めた小さな対応の変化を、しっかり確認しながら応援していきます。

　ここで大切なことが二つあります。一つは、親なら子どものために何でもやって当たり前という発想をしないことです。親にも人格(性格)があり、子育ての好き嫌い、得手不得手があります。「私は元々、子どもがあまり好きではありません」と言われる親も正直いらっしゃいます。それは大きな問題だと思って、「え！　どうしてですか？」と聞くやり方もあると思いますが、「そうですか…」とにっこり笑って、さらりと返すやり方もあると思います。親が子どものために尽くすのが当たり前ではなく、子どもへの対応や

姿勢を変えることは尊いことであり、変えるのはほんの小さなことでよい、と考えることです。それが親への敬意です。

　もう一つは、親に強く変化を求めないことです。「対応を変えろって言われても…どのようにすればいいかわかりません」と言われたら、「なかなか見つからないものです。またの機会に考えましょう」とサッと話を変えます。そして、忘れずにまたの機会に話題にしましょう。そんなことを繰り返しながらも、親にほんの少しの変化が出るように働きかけます。また、親の変化がなかなか見えなくても、親が子育てを放棄しない限りにおいて、子ども自身が周りに励まされたり、何かに気づいたりして、行動を変化させていくことは十分期待できます。こうした子どものちょっとした良い変化が、逆に親の変化を加速させることも、もちろんあります。それによって、親と子の対応が良循環していくことも数多く見てきました。

　さらに留意点として一つ挙げます。それは、親の対応として「○○しない」というのは実行しにくいということです。「子どもに大声で言わない」「少し門限に遅れても強く叱らない」「朝、何度も起こさない」などです。しないでいることは、親にとって本意ではないはずです。ただただ、我慢しているようで精神的によくありません。親のイライラがいつ爆発するとも限りません。それよりも、「○○する」の方が実行できるように思います。「子どもには、なるべく声を低くして言う」「少しゆっくり話してみる」「朝

●第2章　親面接の一つの進め方

は2回だけ起こす」というように。ですから、親が「子どもには細々言わないようにします」と話されましたら、「一つか二つは言うことにしましょう」と私は返しています。それでも今までよりぐっと減るでしょうから。

助言を活用する

　ここまで読まれた方は、助言や教示はよくないのでは？ というイメージを持たれたかもしれません。でもそんなことはありません。そうお感じになりましたら、私の伝え方が悪いのです。心理相談や心理面接の基本は聴くことだと思いますが、積極的な助言や情報提供も、もちろん必要です。様々な場面で助言や教示をしていますが、特に必要（有効）と思われる例を三つだけ挙げてみました。

◉ 親が緊急な対応を迫られている場合
　「今、子どもが家で暴れている」「子どもが自殺をほのめかして家を出た」などに対しては、親の緊急な対応が求められます。そうした場合、「困りましたね」「どうしましょうか」では対応になりません。やはり「すぐに、近隣所・親戚、（場合によっては）警察などに助けを求めてください」とか「先ずは、子どもを探し

ましょう。そして行方不明者届（旧家出人届）を出してください」などと積極的に助言していく必要があります。

私の相談事例です（母親からの相談）。

> • 事例 •
>
> 「小学生の娘が公園で体を触られました。幸い近くにいた人が声を出してくれて、最悪の事態は免れました。今、自宅に戻ったところですが、元気のない娘を見ていると、こちらがパニックになってしまいます。何をしたら心の傷は癒やせるんですか？ 周りの人からは「見守ってください」と言われていますが…今この状態で、黙っているしかないんですか！ それって何もしないということなんですか！」とのことでした。まるで、犯人に対する怒りを私に向けているようでした。時折涙し、興奮する母の話を十分聴きながら、次のように助言しました。
>
> 「お母さん、何もしないで黙っているのはよくありません。積極的にいつもと同じことをしてください。毎日、今頃何をしていましたか？」［一緒にご飯を食べて…］「そうですか、ではご飯に誘ってみてください。で、その後は？」［一緒にお風呂に入って…］「では、今日も一緒に入ってください」とはっきり助言しました。心のケアは何か特別なことをするように考えられていますが、日常のことが日常的にできることで、多くが回復する…これも、また事実です。
>
> そして最後に、「これから娘さんは、時々眠れなくなったり元

● 第2章　親面接の一つの進め方

> 気がなくなったりするかもしれません。また公園で遊ぶのを嫌がったり、怖くなったりすることもあるでしょう。でもこれは、決して異常なことではありません。2～3日様子を見て、心配でしたら、小児病院やメンタルクリニックなどをお訪ねください」
> と。

◉ 親との関係が良好な場合

　前述しましたように、どんなにすばらしい助言でも、こちら側に心の余裕がなかったり、また対立した関係の中では、助言は受け入れられない場合があります。反対に親との関係が良ければ、多少無理なお願いでも逆説的な言い方でも通じると思います。

　私の継続面接です（父親との継続面接から）。

> **・事例・**
>
> 　中学2年の子どもが、夜7時の門限に遅れて帰宅する→父親が決まって「家から出て行け！」と怒鳴る→子どもは出て行く→父親の機嫌が悪くなる…という対応の悪循環に陥っている家族がありました。実は、こうした悪循環はなかなか変えられないものです。そこで私は、何度か相談に来られて親しくなった父親に、次のような提案をしてみました。
>
> 　「お父さん、息子さんとの対応がワンパターンだとお感じになりませんか？（前述した悪循環の図を黒板に書きながら）このよ

うに悪い循環を起こしているのがわかりますか？」［ええ、そういうことはありますね。確かに］「そうですか。では、お願いなんですが、少しお父さんの対応を変えてみるつもりはありませんか？ いえ、いえ、ほんの少しでいいんです」［少しでいいなら、何とか…］

「では、今度息子さんが門限に遅れて帰宅したら、『家から出て行け』ではなく、『自分の部屋にこもって反省しろ！』と言ってみたらどうでしょう。真剣に、まじめに言うんですよ」と、こちらもまじめに伝えてみました。［はあ？ まじめにですか］「そうです！」。さて、こもって反省するか、またそれでうまくいくかどうかはわかりません。でも、父親のワンパターンの対応に風穴を開けることがねらいでした。父親は少しゆとりが出てきたのか、笑って私の提案を受け入れてくださいました。

◉ 親や家族の力が保たれている場合

親が家族の経済的問題や介護で精一杯だったり、自分自身の身体的・精神的問題を抱えていたりしますと、人の助言や指導はなかなか受け入れられません。ですから、助言が有効なのは親や家族の力が保たれているときです。十分な力が保たれているときは、下記のような場合でしょうか。

- 父母一緒や，他の家族を伴って来られる。

● 第2章　親面接の一つの進め方

　→家族に、頼ったり協力し合える人がいる。
・子ども自身を連れて来ることができる。
　→親がまだ子どもをコントロールできている。
・地域や学校と関わりを持っている。
　→地域や学校社会から孤立していない。
・身体的・精神的健康が保たれている。

　私が聞いた、あるところでの相談事例を述べます。親面接をする方に是非考えていただきたく、あえてこの事例を取り上げてみました。

・事例・

　相談内容は、何かの契約のトラブルのようでした。相談員は、来られた夫婦の契約した際の話をほんの少し聞き、すぐに落ち度を厳しく指摘しました。「どうして説明文書を十分読まなかったの？　読まなかったあなたが悪いでしょ」「話を聞いたとき、おかしいと思ったでしょう」「それにしても、もう日にちが経ちすぎているので、解約は無理です」「遅すぎますね」などと言うのが何度かきこえました。来られた方に反省を促しているのです。その通りなのでしょうが、私の相談ではあり得ません。過ぎたことを言われても、もう取り返しはつきませんから。

　しかしさらに驚いたことには、相談に来られた夫婦が怒らなかったことです。そして「なるほど、そういうことだったのか」「解

> 約できないことがわかりました」と納得していました。「これからは十分気をつけてください」という相談員の言葉に「はい、はっきりしてよかったです」と帰りました。落ち度をきつく言われましたが、納得でき、気持ちが整理できたなら相談に来てよかったのではないでしょうか。こうした方には、はっきりした助言も効果的だと思います。
>
> ただ、ここで一つ留意しなければなりません。それは、この相談が私の心配をよそに大きなトラブルにならずに終了できたのは、来られた方が身体的・精神的健康度が高く、家族（夫婦）として力を持っていたということです。子どもが問題を起こした際、親との面接ではこうはいかないでしょう。

このようにして、親を変え、親と子の悪循環を断ち切っていければ、問題を解決していけると考えています。しかし、現実にはそう簡単にうまくはいきません。そのため、親を継続的にささえながら、様々な試みをしなければなりません。最後に親の継続的支援について述べたいと思います。

● 第2章　親面接の一つの進め方

親を継続的に支援する

課題を設定する

　親との面接は一回だけで解決し、終了することももちろんあります。解決というのは、子どもの問題が改善したことだけでなく、親の子どもに対する見方が変化し、「まあ、何とかこれからもやっていけそうです」とか「親として少し自信がつきました。自分でちょっと試してみます」ということであるかもしれません。しかし、来られた親が今後継続して関わっていくことを望むならば、できるだけ寄り添っていくことが基本になります。何回かお会いしながら、親の話を聞き、一緒に対応を考えていかなければなりません。その継続の仕方について述べさせていただきます。

　先ず、単に「また、おいでください。お話をうかがいますので…」で終わるやり方はあまり感心しません。私はこれを引っ越しの通知に例えています。それ程親しくない方からでも「この度、どこどこに引っ越しましたので、お近くにおいでの際はお立ち寄りください」との通知をいただくことがあります。それはそれでうれしいことですが、じゃあと思って、「こんにちは」と訪ねたらびっくりされるでしょう。普通は訪問しません。面接で一度くらいし

かお会いしていない方から、またおいでくださいと言われるのは、それと同じようなことだと思います。来てくださいと言われても、なかなか行けるものではありません。大体は遠慮してそれっきりで終わりになるでしょう。

　ですから、少なくても「中間（期末）試験の後で」とか「夏休み（冬休み）前には」などと、お会いするときを決める必要があると考えます。そんなことを申すまでもなく、「多くの方は、きちんと日時を決めて親面接をしています。何を今さら！」と叱られそうです。すみません。ただ私は、欲を言えば、日時を決めるだけではなく、次回までに何か親への課題や、親との約束事があった方が良いと思っています。もちろん必ず課題を出すとか、親が〇〇することを約束するというわけではありません。難しい課題や約束は親の負担になるだけですから。しかし、今まで経験したことのないものだったり、興味が持てるものや、比較的簡単にできるものだったら、継続相談へのモチベーションは少し高くなるかもしれません。かつて、「是非やってみたい」と喜んでくださった親もいました。

　さて、どんなお願いをするかと言えば、私は「子どもさんの行動をよく観察して、何か（良い方向に）変わったことがあったら教えてください」とか、「子どもさんとの関わりで、うまくいったことがあれば、簡単にメモしてきてください」というようなことをよくします。これは、子どもの新しいところを見て欲しい、

● 第2章　親面接の一つの進め方

　うまくいったときを見つけて欲しい、そして肯定的な見方をして良循環になって欲しいという願いからです。また、子どもの問題解決のために、自分も変化しようとしている親には、「子どものために変えられたことがありましたら、一つか二つメモしてください」などの課題を出して、次回に持ってきていただいています。決してたくさんは要求いたしません。

　お願いの一例として、私は親に対して次のように伝えています。「子どもさんは学校から宿題をもらい、大変な毎日を送っています。ですから、ここは公平に、お母さん（お父さん）にも宿題を出したいんです。覚悟は良いですね（笑）。ただ、私の宿題と学校の宿題の違うところは、学校はそうは行きませんが、私の方は、やるのを忘れたなら忘れたで良いということです」などと笑いも込めて課題を出しています。多くの方は「えー！」と驚いた顔をされますが、「宿題ですか？　いやあ、何十年ぶりかなあ」などと、親から返していただければ大成功です。

　こうした宿題を出すことで、親は子どものことをより詳しく見ようと努力しますし、次回までの明確な目標ができます。「毎晩寝る前に、子どもとの関わりを振り返ってみました」と言われ、こちらがジーンときたこともあります。有り難いことです。もちろん、嫌がる親に対して、無理矢理課題を出すことは負担が大きくなるため、絶対避けなければなりません。また「ちょっと…無理かも」などと言われましたら、「はい、わかりました」と素直

に従い、日時だけを決めます。

子どもの変化を聞く

　さて継続面談ですが、再度親とお会いする場合、多くの方が「(子どもさんの)その後はどうでしたか？」という聞き方をするようです。そういう聞き方をしますと、子どもの悪いところしか見られない親は、必ずといっていいほど、問題だった子どもの行動を話したがります。「相変わらず帰宅が遅くて、本当に困った」「ほとんど毎日遅刻しながら登校した」…などと、話される内容は子どもの問題行動です。これを私は、〈子どもの問題行動一覧表〉と呼んでいます。特に、不満タラタラタイプの親は、先ずは周りへの不満、そして子どもの問題を延々と繰り返しがちです。ですから「その後どうでしたか？」という問いは、子どもの問題（悪かったところ）を話させるという悪循環を生むかもしれないと感じています。

　ですから私は、先ず、「宿題はどうでしたか？」と前回約束した課題に触れることにしています。ノートにきちんと書いて来られる几帳面な親、小さな用紙に遠慮がちにメモして来られる謙虚な親など様々ですが、課題に挑戦した内容を確認します。そして、うまくいったときや、子どもの変化がほんの少しでもあれば「す

● 第2章 親面接の一つの進め方

ごいですね。よかったですね」と返し、その対応をこれからも繰り返すように励まします。もちろん過度になりすぎない応援です。「何も変わったことはありませんでした」と言われた親には、「(○○日間)よく観察していただきました」と観察したことを十分ねぎらいます。では、課題に全く取り組まなかった場合はどうするのか？ それは「そうですか、なかなかできないものです。結構です」と、にっこり笑って課題には触れません。

　そして、その親に対しては、「子どもさんの行動で、何かちょっとでも変わったことはありましたか？」と、〈子どもの行動の変化〉を聞いていきます。初めは子どもの問題行動から話されるかもしれませんが、できるだけ、子どもが良い方向に変わったところを聞いていきます。結局私は、課題を出しても出さなくても、子どもの変わったところ、それも少しでも良い変化を聞くようにしています。その方が、面接は楽しく話も弾みますし、またやることが見えてきます。

　また、前回と今回との変化を探る方法として、スケーリング（尺度化）というやり方を使うこともあります。親に次のようにお聞きします。「前回、子どもさんが問題を起こし（子どもさんをとても心配されて）相談に来られました。そのときの状態が最悪で0点とします。（それから今日まで○○日過ぎましたが）今は10点満点で何点くらいですか？」と。もし親が、「そう…、2点くらいかなあ」と答えてくれればしめたものです。すかさず、「そ

うですか。で、上がった2点はどんなところですか。教えてください」と突っ込みます。「ほんの少しですが、帰宅が早くなったことかなあ」「遅刻しないで行った日が何日かあったから…」などが述べられるかもしれません。「なるほど、それはすごい」と返します。

そして、「さらにもう1点上がって、3点になるためには、子どもさんのどんなところが変われば良いですか？」と聞きます。「夜10時頃までにどうにか帰宅すれば」「あと、10分早く起きるようになれば」などと、子どもの変わって欲しいところが明確になります。「なるほど」と聞いていきます。そしてそのことを次回までの観察課題とします。中には「マイナスです！」と言う親がいるかもしれません。しかし私は、ほとんどお目にかかったことがありません。（「うーん、少しも変わらないかな」という方には時々お会いします）。もし、そうした方にお目にかかったら「そんなに急にはプラスにはなりませんよね」と即座に退くつもりでいます。

ただ、ここで気をつけなければならないことがあります。それは、変化を求めること、それ自体が悪循環になっていないか？ということです。例えば、子どもに何か変化はありませんでしたか？→いえ、特にはなかったです→（それでも）何かはあるでしょ？→（いくら言われても）思いつきません→少し考えてください→ないものはないんです！…というように、相談を受理す

● 第 2 章　親面接の一つの進め方

る側の質問と親の回答が悪循環してしまうことがないよう留意する必要があります。そうならないよう、「子どもの変化はありません！」と言われましたら、いったん退いて、話の後で再度改めて聞きましょう。

親をほめて関わる

　どの親にとっても子育ては大変です。虐待や不適切な養育に対しての啓発などが盛んに行われていますが、良くないと思っていても怒鳴りつけてみたり、思わず手を出したりすることは時にはあるでしょう。正直、親だったら誰でも経験していると思います。ましてや、子どものことでしばしば学校に呼ばれたり、関係機関に相談せざるを得ないような親は、本当に苦しんでいます。そして「あんな子どもを持って…」と言われたり、「いったい親のしつけはどうなっているんだ！」などと非難されているのを知っています。

　そのため、「自分は親としてダメなんだ」と勝手にレッテルを貼って、地域や学校から孤立しようとする親もいます。誰だって批判されるところには行きたくありません。親の集まりの会？もちろん出席しないでしょう。「問題児童生徒を持つ親ほど、地域や学校に出てこない」と言われるのは、子どものしつけに関心

がないというのではなく、こうした理由が大きいと私は考えています。そういう親が、最後の砦として、私たちのところを頼って来たのかもしれません。そのためには、しっかりと親をささえ、継続して子どもの問題解決のために関わっていかないといけません。

　親と関わり、ささえていく中で、何が一番大切か？ と聞かれれば、私は〈ほめること〉と即座に答えます。よく大人は「子どもをほめて育ててください。そうすれば必ず伸びます」などと言いますが、大人は大人をなかなかほめようとしません。大人が大人に課す評価は、多くがマイナスです。良いところはそのままにして、悪いところを非難しがちです。「あなたにはこういう短所があるので、それを直すように！」という厳しい指摘です。それが上司だったり、先輩だったりするのです。なかなかほめない背景には、人はほめるとつけあがるという考えがあるのでしょうか。私は納得できません。

　かつて私は、「親をほめることは、あなたが思っている一つの価値観に方向付けることです。だから、止めた方が良い」と注意されたことがあります。「親は自分の取った行動を、あなたにほめられることで、さらにあなたが良いと思う方向に動こうとするから望ましくありません」ということだったのです。ですから、その方は親をほめないそうです。しかし私は、実務を通してそうは思えません。非行や不登校の子どもを持つ親は、度重なる対応

●第2章　親面接の一つの進め方

でへとへとに疲れています。その度に周りからあれこれ言われ、自分をダメな親だと思って、極めて自尊感情が低下しています。だからこそ、そうした親は少しの努力を人にほめられることで認められ、親としての価値を高められ、自分の存在を確認していけるようになると考えます。そうすることで、親はまた子どもと対応しようと思えるのです。

　ほめるということは、お世辞を言うことではありません。事実を事実として認め、それを良しとすることです。なかなかほめる事柄が出てこないかもしれません。それでも探しましょう。中にはすぐに「いやあ、あの親（子ども）はなかなかほめるところがないんですよ」と言われる方がいます。厳しい言い方をして申し訳ありませんが、そう言う方は、人をほめようとしない、ほめようとする視点を持たない方だと私は思います。自分には優しく、人には厳しく…と言ったら、きっと叱られますよね。

　一見ほめることのないような場面でも、こちらが見つけようとすればいくらでもあります。例えば、問題行動を繰り返す子どもが、私たちの呼びかけに応じて、渋々ながら来所したとします。それを当たり前と考えて、子どもに説諭などをした後で、親に「確かに来ました。今帰りました」と伝えて終わったとします。一方で、同じ親に対して「私たちの呼びかけに逃げる（無視する）子も大勢いますが（これは本当のことです）、お宅の子どもさんはきちんと来てくれました。そして話を聞かせてくれました。これ

は、親のしつけがあってこそだと感心しました。まだまだ、子どもを指導するお力を持っています」と伝えたとします。どちらが親を元気づけ、私たちへの信頼を高めるでしょうか？ もちろん後者だと私は思います。

　実は私は、この親をほめることこそ親の最大の勇気づけであり、励ましであると思っています。継続的に関わっていく中で、親にお願いした課題ができたことに越したことはありません。しかし、できなくてもよいのです。親がほんの少しでも力を出し、試行したことに対して「よくやりました。すばらしいです。頭が下がります」と称賛します。それが親の心を揺さぶり、子どもに対応していく子育てパワーをアップさせていくことになると思います。親が「もう一度、もう少し、子どもと関わってみよう」と次の行動を誘発する原動力になると信じています。どうか親をほめて継続的に関わりましょう。これが親支援の根幹であると私は信じています。

● 第2章　親面接の一つの進め方

親の子ども問題解決イメージ ── 親さん 親さん 元気になあれ

　子どものことでは困っていた。でも、話せば「あなたのしつけが悪い」と言われるに決まっている。ふと誰かにちょっと話した。真剣に聴いてもらったら、何か親として見られているようでうれしかった。じっくり聴いてもらったら、気持ちがすっきりし子育てエネルギーをもらった気がした。だから、何かやれそうな気がした。

　自分なりのやり方に自信はなかったけれど、試してみたら「それでいいんだ。すばらしい」と認められて、ほめられて驚いた。「何だ、親として完璧でなくても良いんだ」と思ったら、少し自信が出てきた。もう一度、ちょっと背中を押され、恐る恐るやったら何かが変わった気がした。無理せず背伸びせず、自分のやり方で良いんだと思ったら、いつの間にか子どもにガミガミ言わなくなっていた。いや、でも少しは言ったかな？

　そんなとき、誰かが「人は誰でも、急に大きく変わらない。大丈夫だよ」と言ってくれた。とてもうれしかった。そうしたら、あいつのほっぺたでもなでてやろうかとワクワクしてきた。あれ？　気がついたら自分も変わっていた。

　今また仕事を始めた。それが結構忙しい。それでも、しばらく会わない友達に電話した。「ねえねえ、ランチしない」と。久しぶりに会って「うちの子どうしようもなくてね…」「うんうん、そうそう、うちもなのよ」などとお互いの苦労を聴き合った。それでも以前と違って、笑って楽しめた気がした。ふっと気がついたら夕方になっていた。慌てて帰宅したら、子どもが「なんか楽しそうじゃん」と不思議がっていた。

受理者の燃え尽きを防止する

燃え尽き（バーンアウト）に注意する

　親と継続的にお会いしていくのは極めて重要なことですが、時として、こちらが強いストレスを感じることがあります。なぜかと申しますと、一つは親自身が持っている不安定さだと思います。話の途中で急に興奮されたり、泣き出されたりする感情の起伏の激しい方がいます。また、親しくこちら側に寄って来ながらも、自分が気に入らなかったり、要求が通らないなどがありますと、急に揚げ足をとって抗議するような、ある種の大きな性格的な偏りを持った方もいます。そうした親の存在を感じた経験は、多くの方がお持ちだと思います。対応に大変戸惑います。

　もう一つは、周りからの評価の厳しさです。親と関わることは、親から感謝される大変やりがいのあることだと私は思います。ただ、うまくいっているときは、あまり周りの話題にもなりませんし、たとえ問題が解決したとしても、それほど高い評価も受けないのです。しかし、いったん親との関係がこじれたり、また子どもの行動が大きな事件や事故に発展したりしますと、とたんに周りからの風当たりが強くなります。「誰が話を聞いたのか！」「そ

● 第 2 章　親面接の一つの進め方

のとき、親にどのように対応したのか！」「継続して関わっていたのか！」と厳しい指摘を受けるのです。相談はうまくいって当たり前という風潮でしょうか。それだけに、「こじれた場合に対処しなければならない」というストレスが背後からいつもつきまといます。普段は高い評価もいただけないので、「相談なんてやってられないよ」という声も聞えてきそうです。

　そして三つめは子どもの問題解決の困難さです。特に非行問題などは、行動化が激しくなって、周りの人が子どもに振り回されることはあるものの、急に改善するようなことがあまり期待できません。地域や隣近所からの苦情もあるでしょう。そうしますと、親をささえることに熱心であればあるほど、「どうしてもうまくいかない。役に立てない自分がいやになった」などと、過度のストレスに耐えられなくなり、今まで勢いよく回っていたモーターが焼き切れてしまうように、バーンアウト（燃え尽き）してしまいます。

　症状としては、
　・疲れ果てた、何もする気がない
　・人と関わるのが煩わしくなる
　・仕事をやり遂げたという実感がなくなる
というようなことがあります。しかも、ある日突然…という例も多く見られるようです。

　バーンアウトについては、元々対人援助職に多く見られたこと

から研究が進められるようになりました。人を相手にする仕事は、相手の期待にどこまで応えるのか、どこまで責任を負うのか明確ではありません。自腹を切ってまでも家庭訪問したり、親や子どもと関わっている人がいることも知っています。ですから、親の力になろうと頑張れば頑張るほど、期待に添えない（子どもの行動改善がない）と、心身のエネルギーが低下し、バーンアウトしやすくなります。使命感が非常に強く、人一倍仕事熱心な方が、陥りやすい罠と言えるかもしれません。大変皮肉なものです。

　ですから、仕事中にイライラして周りに当たったりする行動の変化、不眠や疲れやすさ、倦怠感などの身体的不調、うつ的な状態などには、先ず周囲の人が「あれ？ 少し変だなあ」というように、敏感であってほしいと思います。今、うつ症状を〈心の風邪〉などと呼ぶ風潮があるようです。誰でもかかり得る一過性の症状ということでしょうか。しかし、当事者にとっては大変辛い毎日なはずです。どうか、風邪などと言わずに、気がつかないうちに燃え尽きていたということがないように配慮したいものです。そしてまた、私たち自身も自分の心身には強い関心をを持ちたいものです。

● 第2章　親面接の一つの進め方

燃え尽きを防止する——生き生き親支援

　親との対応において多少のストレスは当然です。それが務めですから。しかし、それでも燃え尽きては仕事ができませんから、防止には十分留意していかなければなりません。私は自分の燃え尽きを防止するために次のことをしています。

◉ 仕事と私生活を切り換える
　仕事中は、面接や電話でも親と関わっているときはその方のことを考え、どうしたら親のお役に立てるのか私なりに工夫し、一生懸命仕事に取り組んでいます。人を支援することは、とても大切な仕事だと思っています。しかし、いったん職場を離れますと、なるべく仕事のことは考えないようにしています。家の中でボーッとしたり、長年の自分の趣味に没頭することが多いです。また、古くからの親しい友人とのたわいのないおしゃべりも、私の最高のリラックスタイムです。それでも、時々は仕事のことが頭をよぎり、不安になることもありますが、仕事と私生活の切り替えは努めて行うようにしています。もちろん仕事のことは私生活では絶対話しません。

◉ 同僚や上司を巻き込む

　子どもの相談は原則、私一人で受理しています。しかし、全部を自分で抱え込み、心の中に仕舞わないようにしています。大変苦しく、辛くなってくるからです。ですから、困難な事例や行動化の激しい事例などに関しては、すぐに同僚に話したり上司に報告するようにしています。そして一緒に考えていただき、時には一緒に行動していただいています。職場は閉ざされた（クローズ）場ですので、情報が他に流れることはありません。ですから個人情報などの問題はないと考えています。親支援は大切な仕事です。大いに同僚や上司を巻き込みましょう。チームで対応していると実感が持てれば、一人の心の負担は少しは軽減します。ボランティアとして親と関わっている方でも、統括(担当)されている機関の人はいるはずです。是非こまめに報告しましょう。

◉ 辛さを受け入れ休む

　親と関わり、親の話を聞いていく中で、不眠やイライラ感、疲労や倦怠感など、心身ともに不調になることは前述しました。ただ、たとえ不調になったからと言って、決して精神的に弱いからではありません。そう思うことは間違いです。ですから、「担当として、もっと強くならなければいけない」「自分がしっかりしなければならない」「もっと頑張ろう」などと過度に考える必要はありません。それよりも、

● 第 2 章　親面接の一つの進め方

　・自分は疲れている、今不調であることを感じる
　・感じた後は、あまり無理をしない
　・そして、必要に応じて「体を休める」「休暇を取る」
などの対応が必要だと考えています。辛さを口に出して言うことや、場合によっては休むことを恐れていてはいけません。
　このように、「常に気持ちをリフレッシュし、平常心を保ちながら親と関わっていく。しかし、疲れたならちょっと休んでいい…」これが私が理想とする親支援です。

第 3 章

関係機関との連携

● 第3章　関係機関との連携

関係機関と連携する

子どもの相談機関

　子どもの相談機関と言えば、先ずは児童相談所であり、教育センター、子ども家庭支援センターなど公的機関を挙げることができます。これらはどなたもご存じのことですから割愛します。連携に関しては民間も含め、私が考えていることを述べさせていただきます。ただし、関係機関と連携する場合や、親に紹介するに当たっては、必ず個別に情報を得るようにしてください。
　問題を起こしている子どもの中には、前述しましたように発達障害（例えばＡＤ／ＨＤやＬＤ、さらにはアスペルガー症候群など）といった、何か資質的な障害を感じさせるケースがあります。また、子どもから親への家庭内暴力ということで関わったが、子どもがどうも長年引きこもっている、それも精神的な病気を疑った方が良いと思われる事実もあります。（何度も繰り返しますが、子どもが発達障害や精神疾患だから問題を起こす、と申し上げているのではありません。）
　私の例でも、面接が５分と持たず、すぐにそわそわキョロキョロする子どもや、自分勝手に自分の趣味や嗜好を延々と話し出す

関係機関と連携する●

子どもがいます。また、引きこもりの部屋から独り言が聞こえてきたり、ニヤッと笑うようなしぐさを見たという親の話を聞くことがあります。さらに、夜中３時に同級生宅に行って、その親に「いやあ、○○君に貸したお金を返して欲しいんすよね」と超ハイテンションで談判した子どももおりました。実際の借金は数百円だったそうで、夜中の３時に他人の家に行くというのは、やはり世の中の平均値からは相当離れています。今までこんなことはなかったとのことでした。どう考えても不可解です。私はすぐに病院での受診を勧めました。ですから、親との面接は、もっぱら「どうしたら子どもを病院まで連れていけるか」ということでした。

　こうした、精神医学的な問題を抱えているような場合、私のような素人があれこれ判断するのは危険です。精神科のある病院・メンタルクリニックや保健所、精神保健福祉センターなどを教示し、つなげていく必要があります。親の中には、子どもの障害や病気を認めたがらない方がいます。それもわかります。しかし、それでも丁寧に時間をかけて、受診（相談）するということを目指さなければなりません。早期発見・早期対応で、少なくても二次障害は防止できるかもしれません。「薬を服用することで少し落ち着きが出て、友達とのトラブルが回避される」「子どもが少し入院することで家族が安定する」などというようにです。参考までですが、夜中に友人宅に押しかけた子どもは、やっとのことで病院につながりました。躁病との診断でした。親が早期に対応

● 第3章　関係機関との連携

したため、その後学校に適応できました。
　また、今の交友関係で悩んでいて、地域や環境を変えたい、そして勉強も続けたいなどと親も子どもも考えている場合は、全寮制中高や山村・離島留学などを利用することも一つの試みです。いずれにしても、宿舎は繁華街にはないようですので、農業を体験したり、通信制高校に籍を置きながら、アルバイトをしたり…とのんびりしたところで、少し落ち着いた生活が期待できるかもしれません。私の事例でも、子どもから親への暴力でしたが、親子の関係調整のために、離れて暮らすという方法をとった家族がありました。子どもは、これからの生活に不安を感じるのか「行きたくない」とのことでしたが、親を含めた家族と、入所施設指導者の粘り強い親身な説得があり、可能となりました。数年に及ぶ民間施設生活でした。
　さらに不登校や学校不適応の子どものために、今は数多くのフリースクールやサポート校などもあり、精神保健福祉センターなどにも本人グループが存在します。また、発達障害の子どもへの指導に力を入れている学校もあると聞いています。そして引きこもりの子どもや青年に対しては、ＮＰＯなどによる自立支援も広く行われています。もちろん子ども自身の希望がなければ実現しませんが、家族で話し合うことはできるでしょう。人は、学校や会社など何かに属していることが、精神的安定をもたらすようです。

関係機関と連携する●

親自身の相談機関

　子ども相談機関のどこにおいても、親を支えていくことは一生懸命やっています。子どもの行動改善には、親が大事な資源であることは第2章で述べた通りです。しかし、中には親自身が「自分自身が救われたい」「同じような子どもを持つ親と交流したい」「自分が親として子どもにどう対応すればいいのか学びたい（勉強したい）」という方にお会いします。そんなことを言われますと、こちらとしては少しショックを受けます。自分の力のなさに苛立つからかもしれませんが、快く紹介しましょう。さてどんなところがあるかです。

　一つは、「○○の子どもを持つ親の会」「親グループガイダンス」というようなグループ活動です。公的機関もありますが、多くがＮＰＯなどの民間活動です。例えば、不登校や家庭内暴力、そして非行の子どもを持った親などが主催する会が昔からあるようです。今は発達障害を持つ親の会などもあります。当たり前の話ですが、発達障害は診断されて終わりではありません。その後の関わりを学ぶことも極めて大切です。親が集まって、一人一人が辛い苦しい胸の内や子どもとの対応を語って（もちろん、解決に向けた楽しい希望ある話も出るでしょうし、語らない選択もあるかもしれません）終わる場合や、語った後で、専門的な指導者から

● 第3章　関係機関との連携

対応についてのコメントをいただくこともあるとのことです。

　また、子どもとの接し方を学んだり、円滑なコミュニケーションを図るための勉強としては、「ペアレント・トレーニング」があります。主に発達障害の子どもとの対応から考えられた親トレーニングで、大学病院や精神科クリニックなどで行われています。今ではニーズの高さからか、市区町村の講演会などでも実施されているようです。「親業訓練」（各地で講演やセミナーを通して、親としての対応を訓練する）なども知られています。他にも、精神保健福祉センターなどにこうした親の学びの場があると思います。私自身こうしたトレーニング（訓練）を専門的に受けたことがありませんので、詳細は勉強不足です。それなのに申し上げるのは無責任ですが、実はこうした親の学びの場が地域にはまだまだ少ないように思います。現状での認識度は大変低く、多くの親はその存在すら知りませんし、相談機関で働く職員も私のようにあまり知識がないと思います。子どもとの対応を学びたい、親としてのトレーニング（訓練）を受けてみたいと思っている親が、非行や不登校の問題などとは関係なく、本当に気軽に受けられるように、前述した児童相談所、教育センター、そして子ども家庭センターなどのごく身近で昔から知られている子育て支援機関で、広く行われても良いと思います。いえ、是非こうした公的機関で実施して欲しいと強く願っています。すでに実施されているとしたら、さらに広まることを祈ります。

関係機関と連携する●

　さてここで、今大変重視されています児童虐待に触れてみます。相談を受理していますと、暴力や虐待を疑わせる話を聞くこともあります。私たちはこうしたことに敏感でなければなりません。私も、母親の話がどうも要領を得ないので、「もう少し教えてください」と何度か繰り返し聞いていたところ、実は相談の趣旨は子どもの問題行動ではなく、夫からの激しい暴力（ＤＶ）や子どもへの虐待だったという経験があります。「自分が救われたい。そして子どもを助けたい…、でも話しにくいし、自分が我慢すればいいのかもしれない。話した後は、どうなるのだろう。夫が居所を見つけるかもしれない、そして仕返しがあった場合どうすればいいのだろう」などというような不安があって、すぐには話し出せなかったのでしょう。今私たちには、虐待に関して児童相談所などへの通告義務が課させられています。
　ただ、暴力から家族で逃げたい、匿って欲しいという心の叫びには、女性相談センターなどが対応機関になるのでしょうか。暴力（虐待）は見て見ぬふりはできませんし、何とか止むかもしれないなどと、のんびり構えている時代でもなくなりました。すぐに対応しましょう。結果的に、暴力（虐待）ではなかったからと言って、連絡先機関からのペナルティーはありませんし、また周りの方から非難されることもあってはなりません。虐待された子どものケアは、実は保護してからが大変なのです。従事されている方々には本当に頭が下がる思いがします。でも、先ずは児童相談所や

● 第3章　関係機関との連携

子ども家庭センターへの速やかな通告を第一にしましょう。
　その他、親に対しては「金融・多重債務の相談」「ひとり親家庭への支援」「就労支援」などの支援機関などがあります。地域によって多い少ないはありますが、様々な相談がありますので、幅広く機関を把握して情報提供したいものです。子育てする親にとって経済的基盤はとても大切です。先ずは市区町村などの公的機関をのぞいてみることをお勧めします[*1]。

連携の留意点

　関係機関を紹介する上で気をつけなければならないことがあります。先ずは、その機関に対して、できるだけ正確な情報を持つことです。機関の担当者を知ることも大きな財産でしょう。私は関係機関との会議や研修にはなるべく出るようにしています。また、送付されてきたパンフレットや紀要、催しや講演のお知らせには必ず目を通すようにしています。そして何より大切なことは、実際利用した方の話を聞くことだと思います。山村・離島留学した子どもの生の体験話、○○の親会やセミナーに参加した親の率

[*1] 重ねて申し上げますが、親に機関などの紹介をする際は、必ず個別に情報を得るようにしてください。

直な感想などを努めてよくうかがうようにしています。その上で、疑問があれば直接連絡を入れて聞いてみたりして、自分で判断していきたいと考えています。

　さらに、親に対して上手に勧めることです。いきなり「○○のところが専門ですから、行って相談（受診）してください」という言い方はしません。様々な対応で疲れ果てている親は、やはりここでも見放されたと感じるでしょう。それでは親の子育てパワーは上がりません。私はかつて、電話で相談されたときにすぐに別機関を紹介したことがあります。その際「あなたもやっぱり私たち家族を見放すんですね」と悲しそうな声で相談者から言われたことがありました。内心は強い怒りがこもっていたと思います。藁をもすがる思いで電話してきたのに対して、あまりにも私の言い方が事務的だったのでしょうか。反省です。

　しかし、だからと言って、より適切な機関があるにもかかわらず、自分のところでずっと継続して親の話を聞いていくことも大きな問題だと私は思います。「どんな親でも支援できます」とか「どんな子どもでも引き受けます」いう方（機関・施設）もいらっしゃるかもしれません。しかし、子どもを取り巻く環境や状況、そして子どもの精神症状などが悪化する心配もしてしまいます。要は、親と丁寧に対応しながらも、常に関係機関を念頭に置いて、機会を見つけて紹介を試みるということです。やはり、餅（屋）は餅屋で…というのが良いと考えます。

● 第3章　関係機関との連携

　さらには、相手機関先に対しての連絡についてです。相手方へあらかじめ連絡するのが正論でしょうか。「こういうことで（あらかじめ親に了解していただいた相談内容を話す）、困っている親がそちらでの相談を望んでいます。是非うかがいたいとのことですので、よろしくお願いします」というように。そしてできれば、自分がその事例をどう見立てているのか伝えるのが筋でしょうか。でも私は、自分自身では決めないようにしています。必ず親に聞いています。「私が（適切と思われる）○○機関に連絡した方がよいですか？　それとも、お母さん（お父さん）ご自身で連絡を取りますか？」と。何でも、こちらがよかれと思って、親にやってあげることが必ずしもよいとは考えません。親が「自分で連絡します」と言いましたら、「お願いします」と是非任せましょう。それも親として子育てパワーを上げていくことにつながります。このようにあくまでも、親の気持ちに添って対応していくことが大切だと考えます[*2]。

　連携の最後に、親からの相談に応える、警察のお家芸を紹介します。

---

*2 東京都では、連携して子育てを支援するＮＰＯ法人などがありますので、パンフレットなどをお渡しすることはあります。しかし、公務員として仕事をしていく場合、全くの民間機関（施設）は紹介することはできにくいと思います。公平を保持しなければなりませんから。

警察による送致（通告）

通告事例

　先ず、警察の相談事例を見ていただきます。母親から相談をいただきました、中学2年の女子A子の例です。

> **・A子の事例・**
> 　A子は幼少期から習い事やスポーツを続けて、とても素直な明るい子どもでした。ところが中学1年の秋になると、交遊関係がすっかり変わり、先輩との夜遊びが始まりました。当然欠席や怠学が続くようになり、私が学校に呼ばれて何度か指導を受けました。しかし、娘の行動は全く改善されませんでした。
> 　2年になると、外泊を繰り返すようになり、この2か月で1日も登校していません。夜、お菓子を万引きして店の人に見つかったこともあります。店の方から連絡があったのですが、「警察には届けないから」と言われ、私が行ってお金を払って終わりにしました。
> 　週に1～2度、着替えを取りに来るかのように帰宅します。その都度「心配だから毎日帰りなさい」と時には強く、時には優しく諭しましたが、くわえタバコのまま返事もしません。そして、

● 第3章　関係機関との連携

> 夕方になると当然のようにまたどこかに出かけて行きます。小学生の弟への影響も心配で、また、夜に仕事をしている様子が頻繁にかかる電話や派手な服装から感じられ、不安でなりません。夫は離婚して、いませんので、担任に相談したところ、大変心配してくださり、こちらを紹介されました。

　おおむねこのような相談内容でした。母親は長きにわたる対応で、すっかり疲れ切っていました。うつ状態とのことで服薬もしていました。来所を十分ねぎらいつつ、Ａ子の状況を聞きました。そして「お母さんとしてどうされたいのですか？」とお尋ねしたところ、「私の対応が悪かったんです。みんなに言われますから。でも今は、娘のしつけは限界なので、とにかく安全なところに保護していただければ…」とのことでした。

　私は母親の了解を取り、翌日学校から事情を聞きました。それによりますと、「周りの生徒の話から、Ａ子は夜に働いている様子があります。メールのやり取りから疑われるのです。ただ本人が登校しませんので、話を聞くことも指導することもできません。今まで出てくれた携帯電話にも出なくなりました。このままでは悪くなる一方だと心配しています」とのことでした。

　そのため、後日の昼に私たちはＡ子の家に出向きました。そして山姥のような化粧をして寝ていたＡ子と接触しました。部

屋に入っていった女性警察官に対して、「何？ 警察？ 関係ねえよ！」「出て行け。マジうざい！」そして「施設に入れるんだったら死んでやる！」などと暴言を吐き大声で騒ぎました。私たちは、その状況や財布に入っていたお店の名刺などから、通所相談での対応は無理と判断しました。そして、今後の家出を防ぐためにも、その日に児童相談所に身柄付で通告しました。

警察によるぐ犯送致（通告）

　警察では、少年が犯罪を犯した場合は原則、少年部門の警察官が任意に取調べを行います。そして事件が明らかになり次第、地方検察庁や家庭裁判所（以下家裁）、そして児童相談所（以下児相）に送致（通告）します。書類で送ることが多いのですが、逃亡したり、証拠を隠すおそれがある場合などは、逮捕して身柄送致（通告）となることもあります。これは警察が行うこととして、どなたにもご理解していただけると思います。事件ですから、親も納得せざるを得ません。
　ただ、実際多くの親の悩みは、前述のように、子どもの夜遊びや外泊、家出、喫煙・飲酒、非行グループとの交遊関係など、事件になるかならないようなところなのです。「夜になっても帰らず、中学生なのに働いているようだ」「免許はないはずなのに、

● 第3章　関係機関との連携

バイクに乗っているらしい」「小遣いをあげていないのに新しい物がある。おかしい」…などです。こうした問題行動を繰り返す子どもに対して、親が「聞いても何も言わない。もうどうしようもない」と指導する力を失ったり、改善のために効果的な対応がとりにくい場合、緊急的な介入として、子どもを家裁や児相に送致（通告）することがあります。

　驚かれるかもしれませんが、まだ事件にはなっていないんです。それでも子どもの送致（通告）が可能なのです。これをぐ犯少年として家裁に送致するとか、児相に通告すると呼んでいます。こうした法律は諸外国にもあるのか、それとも日本独特なものなのか、大変興味深い法律だと私は思っています。少し具体的に説明します。

　先ず〈少年〉という言葉は少年法で20歳未満の者を言い、また、ぐ犯少年とは、「次に揚げる事由があって、その性格又は環境に照して、将来、罪を犯し、又は刑罰法令に触れる行為をする虞(おそれ)のある少年」と定義されています。

　　次に揚げる事由とは、次表イ～ニを言います。そしてこのぐ犯少年は、家裁の審判に付すると定められています。

　つまり、まだ犯罪は犯していなくても、ぐ犯事由があって、将来特定の犯罪を犯すおそれがあると認められる場合は、家裁に送致できるのです。例えば、親に反発して何度も家出を繰り返し、お金がなくなると、こそこそ万引きをしているような子どもは、

◉ 少年法第三条第一項第三号

> イ　保護者の正当な監督に服しない性癖のあること
> ロ　正当な理由がなく家庭に寄り附かないこと
> ハ　犯罪性のある人若しくは不道徳な人と交際し、又はいかがわしい場所に出入りすること
> ニ　自己又は他人の徳性を害する行為をする性癖のあること

　将来窃盗罪を犯すおそれが十分考えられますので、送致の対象になります。もちろん、万引きが事件化されていれば、窃盗事件として処理されますので、ぐ犯送致は相応しくありません。また、非行集団の仲間入りをして、無免許でバイクに乗ったり、後輩からお金を出させているような場合も、将来、道路交通法違反や恐喝罪を犯すおそれは多分にあります。ですから送致の対象となります。特に家出があったりして、緊急に保護する必要があった場合は、身柄送致になります。

　ただ、このぐ犯送致には難しい点があります。それは、ぐ犯事由が「保護者の正当な監督に服さない…」「正当な理由がなく家に寄り附かない…」などとありますので、保護者がそれを認めなければなりません。「たまたま、先日夜出歩いて警察官に補導されましたが、普段は家にいておとなしくしています。私の言うことも聞きますよ」と言われれば、送致は困難になります。また逆

● 第3章　関係機関との連携

に、保護者が「この子は私の言うことを聞かずに、毎日夜遊びばかりするので、家裁に送ってください」と述べても、〈将来特定の犯罪を犯すおそれ〉が低いと判断されれば、送致できない場合もあります。ですから、単に夜遊びを繰り返しているだけでは送致できません。

　警察から家裁に身柄で送致した後は、一般的な例としては、2〜3週間（最長でも8週間）少年鑑別所に入所して、医学的診断や心理学的考査を受けたり、専門職員による生活改善指導を受けたりします。その後、裁判官から少年院送致、保護観察処分（保護観察所に指導を委ねる）、不処分（非行事実はあったが、今回は処分しない）などその後の処遇が決められます。ただし、前述しました少年法第三条第二項には、家裁は「14歳に満たない者については、都道府県知事又は児童相談所長から送致を受けたときに限り、これを裁判に付することができる」との定めがありますので、14歳未満の少年は、警察から家裁に直接送致することはありません。

　ではそうした子はどうするのか？　その場合は、児童福祉法二十五条に基づいて、要保護児童として児相に通告します。ちなみに〈児童〉とは18歳未満を言います。

● 児童福祉法二十五条*3

> 要保護児童を発見した者は、これを市町村、都道府県の設置する福祉事務所若しくは児童相談所又は児童委員を介して市町村、都道府県の設置する福祉事務所若しくは児童相談所に通告しなければならない。(以下省略)

　こちらも、家族への暴力などで緊急性があったり、中学生なのに稼働事実があったり、また家出などの強い要保護性があったりした場合は、身柄付きで通告します。そうしますと、一般的な例ですが、多くの子どもは児相内に一時保護され、数週間一時保護所で専門職員による指導を受けながら生活します。処罰ではありませんので、鍵もかけていません。規律ある生活の中にも、温かい指導が受けられます。その後児童相談所所長が、児童自立支援施設入所や児童福祉司指導などの処遇を決定するとのことです。

---

*3 この条文には「福祉事務所若しくは児童相談所…」とありますが、警察から子どもを通告する場合は、一時保護する必要や、または子どもに専門的な指導をする場合が多いので、原則児童相談所になります。

● 第3章　関係機関との連携

送致（通告）の有効性

　親が子どもとの対応で心身ともに疲れて、力が出ないような場合、または親と子どもの関係調整が必要な場合などは、こうしたぐ犯送致（通告）を用いることも有効だと感じることがあります。施設に入るのは子どもで、辛い思いをするかもしれませんが、それを決断した親も、様々な気持ちを抱いています。いずれにしても、親子が一度離れて、冷静になって仕切り直し、親子関係を再構築していくやり方です。
　それでも、このぐ犯送致（通告）に関して、若干誤解する方があるようです。それは（まだ子どもが犯罪を犯していないんだから）「親として子育てを放棄した」とか「警察に自分の子を売った」などと考える方が少なからずいます。そして「なんてかわいそうなことをするんでしょ。やり過ぎじゃないの！」とその親を非難するのです。しかし私は、子どもが頻繁に外泊し、盗みや無免許運転などを繰り返しているのに、子どもの気持ちを理解するとか受容するとかいう、いわゆるカウンセリング的な対応は、効果的でないと考えています。先ずは、被害者を生まないためにも、そして子どもを犯罪の加害者にさせないためにも、行動を制止させることが必要だと思います。
　さらに、「保護観察処分」や「児童福祉司による指導」などの

警察による送致(通告)

決定を受けた子どもは、家に戻った後も継続的な支援を受けられます。そこでは、子どもへの指導が中心になると思いますが、当然親子で関わり、親子関係の調整が図られます。熱心に自宅に呼んで指導する保護司さんや、何度も家庭訪問する児童福祉司さんの話も聞いています。就労や学校へ戻るパイプ役としても、大切な役割を果たしています。ですから、まだ犯罪にはなっていない、発覚していないではなくて、犯罪が進まない前の子どもの送致(通告)も、大変有効であると私は考えています。

さてA子です。入所時にはかなり強く抵抗しましたが、児相職員の親身になった粘り強い説得もあり、何とか泊めることができました。その後、誰もが施設内からの逃走や自傷行為を心配したのですが、大きなトラブルを起こすことなく施設にいました。規則ですから、髪を黒く染め直し、化粧をすっかり落とし普通に生活していたとのことです。私は、A子は口では強がりを言いましたが、入所して良かったと感じていると思います。中2になったばかりの娘さんです。学校にも行かず、大人と夜の街を徘徊して良いと思っていたはずはありません。心から楽しめていたとはとても思えません。基礎的な能力はある子どもさんで、中1までは習い事やスポーツを続け、学校への適応も良かったのです。自分では止められなかった交遊や非行行動を、無理にでも大人に止められて(保護されて)、内心ホッとしていると思います。こうした対応は時には必要で、警察が成し得るお家芸と思い紹介させ

● 第 3 章　関係機関との連携

ていただきました。
　警視庁では各警察署に少年係を設置し、警察官が少年相談を受け付けています。そして、都内 8 カ所には生活安全部少年育成課が少年センターを設置してあります。そこでは、警察官による街頭補導活動などの他に、少年相談専門職員を配置し、電話や面接相談を実施しています。このように、警察では親からの訴え、要望を十分踏まえつつ、親面接をしたり少年を招致したりして問題の改善を目指しています。また時には、上記しましたような、ぐ犯送致（通告）をして子どもの健全育成を図っています。

第4章

親面接のワンポイント

● 第4章　親面接のワンポイント

今までの親の対処への質問 —— 親の力を引き出す

　親は子どもが警察で扱われたり、家庭で暴れたりして、行動化が激しいと、その対応で心身ともにくたくたに疲れてしまいます。また、親自身の病気や経済的困窮などで、大変に落ち込んでいるようなときは、子育てする力が出ません。私のような素人から見ても、うつ状態であろうことが分かる親もいます。親自身が、もうどうにもならない気持ちを持ち、子どもの否定的なことばかり述べたりしますと、こちらとしても本当にどうしていいか分からなくなります。

　そんなとき、「何とかうまくいきますよ」などと無責任なことを言わないでください。また、「頑張ってね。お母さん（お父さん）、あなたがしっかりしなければならないのよ」などと励ましたり、元気づけたりしないでください。あまりうまくいかないと思います。親は「結局は、誰も私の気持ちを分かってくれない」と益々解決への希望を失うことにもなりかねません。

　それより、とにかく親の苦労や大変さを十分聞いて気持ちを受け止め、ささえながらも、「今まで本当に大変でしたね…。でもそんな大変な状況で、よく今日まで子育てをして来られましたね。いったいどうやって対処してきたんですか？」と尋ねます（対処への質問）。そうしますと、親は今は最悪の中にいると思っているにもかかわらず、何とか対応してきたことに気づきます。「え？ 親ですから…」「子どもを捨てるわけにはいかないと思って、何とか頑張って…」などと、例え抽象的にでも返し

今までの親の対処への質問――親の力を引き出す

ていただけたらしめたものです。すかさず「そんな大変な中で、親としてよく子どもに対処してきました。すばらしいです」と思いっきり称賛します。そして、「もう少し具体的に教えてください。どのようにして、対処してきたんですか？」と聞いていきます。

　こうしたことを繰り返しますと、親は自分の頑張りや工夫を再び発見できます。いえ、できるだけ親が気づけるように、「お母さん(お父さん)がそうされたから、今まで大きな問題に発展しなかったんですね」などと親のこれまでの対処をねぎらいます。そうすれば、親は自分自身の力を内側から認識し、どうにもならない状態から脱出できるかもしれません。

　「今まで大変だったが、自分なりに対応してきた」→「今、自分なりにやれている」→「自分も力を持っている」→「これからも何とかやれるかもしれない」というように自己肯定感、自己効力感が向上し、子育てパワーが大きくアップするように思います。そうすれば、今後の対応に希望が持てるような気がします。

● 第4章　親面接のワンポイント

親との10分面接 ── 時間が10分しかなかったら

　親とお会いする時間が少ない場合があります。約束時間の勘違いから、立ち話の相談まで様々な理由が考えられますが、さて、時間が10分しか取れなかった場合、親に対して何ができるでしょうか。
- 親の辛い気持ち、子どもが思い通りにならないイライラ感などを「そうですか、大変ですよね」「困りますよね」と、ひたすら10分聞いて終わりにする。
- 共感的に話は聞くものの、やはり最後には一言二言「子どもさんにはこうした方がいいですよ」「私ならこうしますけど…」などと助言する。
- 少し話を聞いた後で、こちらから積極的に「こう思います」と解釈したり、「こうしましょう」「それはだめよ」などと教示する。

　このように対応はいろいろあると思いますが、私は次のようにしています。
　今、目の前にいる親が、子どもの問題解決のために〈どんな工夫をしているか？　どのようなことに取り組んでいるか（きたか）？〉をお聞きします。どんな些細なことでも、親が少しでも努力していること、取り組んでいることでいいんです。「毎朝、一生懸命起こしています」「会社からなるべく早く帰って来て、ちょっとでも関わるようにしています」「夜は、できるだけ家族で一緒に食事をするようにしていますが…」など何でも良いですから、一つでも話されたら「それはいい。すばらしい」

と対応を称賛し、「親としてよくやっています」と先ず対応をねぎらいます。そして、「これからも、大変でしょうが、是非その対応を続けてください」とお願いして終わりにします。

　私は10分間とかの短い時間では「こうした方が良いですよ」という具体的なアドバイスをあまりしません。なぜかと言えば、「そのことは過去にやりましたが、うまくいきませんでした」とか、「それはとてもできそうにありませんね」などと、親ができないことに終始してしまう不安を感じるからです。面接が終わった後で、「やっぱりうまい解決策が見つからなかった」という親の無力感や不全感だけが残ってしまっては、面接効果は高まらないと考えています。

　さて、親としての努力や苦労が全然語られない場合はどうするか？　これは少し野暮な質問です。だって、親がわざわざこちらに話しに来てくれたんですから、親として何もやっていないわけがありません。子どものことを大変心配し、きっとどこかでその親なりに頑張ってきたはずです。どうか、ほんの小さなことでも親の隠れた努力を見つけ出して、親として対応してきたことを十分ねぎらってください。きっと親の子育てパワーを高める、有意義な10分になると思います。

● 第4章　親面接のワンポイント

親子並行面接 —— 親が子どもを連れてきた

　子どもが中学生くらいになりますと、相談機関などに親が連れてくることが難しいことは前述しました。なかなかできません。ですから、あまり強く「是非、今度子どもさんを連れてきてください」とは言わないようにしています。連れて来られないことで、「やはりできなかった。親として力を出せなかった」という親の無力感を高めるといけませんから。にもかかわらず、子どもを連れてくる親がいます（騙して連れてくる場合は除きます）。連れて来られるということは、親がまだ子どもをコントロールしているわけで、強い力を感じます。それだけでも子どもの問題は解決できそうにも感じますが、さてどんな面接が考えられるでしょうか。

　まず、一緒に来られた親子を「大変よくいらっしゃいました」と、そのまま同じ部屋に通して、親子合同面接をするやり方です。形態は学校でいう三者面談でしょうか。多くの方が慣れている自然な流れでもあります。ただ、父母と子ども3人をこちらが一人で対応していくことは、とてもエネルギーが必要ですし、また、そうした面接には非常に専門性を有するような気がして、私はあまり用いていません。次に、親と子どもが別々の担当者と面接する親子並行面接があります。多くの相談機関で行っているようですが、これは、担当者同士がうまく連携しなければなりませんし、また担当が一人のところでは実施できません。私のところは、原則私一人で面接を次のように行っています。

親子並行面接──親が子どもを連れてきた ●

　最初に親だけとお会いして、(子どもは別室で待っていただきます)来所を十分ねぎらいながら、「今、困っていること」や「親としてどうされたいか」などをお聞きします。それを踏まえて、今度は子どもだけと面接するようにしています(親は別室で待っていただきます)。なぜ、はじめに親、そして次に子どもの順序で面接を実施するかと申しますと、最初に子どもの話を聞きますと、次に行うであろう親との面接で、自分が話した内容が親に知られることはわかっているからです。当然警戒して話さないことは多くなってしまいます。交友関係(特に異性関係)や、ちょっとした悪さなどはできれば親に知られたくないのです。特に思春期の子どもはこうしたことに敏感です。

　そして子どもの面接が終わった後で、親子が一緒になって次回のことを話し合います。「親子で一緒に来所する」〜大歓迎です。「親だけ(子どもだけ)来所する」〜それも歓迎です。「後日連絡する」〜待ちましょう。「来所しない」〜尊重しましょう。などを必ず決めてから、原則一緒に帰っていただいています。親が連れてこられる力を持っているだけに、子どもも何回か通所に同意することが多いようです。

● 第4章　親面接のワンポイント

遵守事項による指導 ── 子どもが守れる約束をする

　子どもが問題行動を起こした際に、学校や関係機関において、約束事を決め、遵守するように指導していくやり方があります。普通の親子の間でも、誓約書と称して紙に書くなどして対応することが、日頃からよく行われています。子どもが約束を守れば、大人が「良く守れた！いいぞ」などとほめたり励ましたりしますので、さらに守るようになるという良循環になります。子どもの立ち直りにはかなり効果的だと思います。

　しかし、現場にいますと、この対応がうまくいかないこともあることも知っています。理由の一つとしては、遵守事項が多すぎることがあげられます。「夜10時までは帰宅する」「親の言うことをよく聞く」「毎日学校に行く」「犯罪をしない」…など5～6個も並ぶこともあるようです。子どもに「君が守ることは何だっけ？」と聞きますと「え？　家に帰る、学校に行く、あと…全部なんか覚えていないよ！」と言います。

　2つめは、抽象的な約束です。「きちんと登校する」「悪いことはしない」などです。きちんと…ということは1回でも遅刻したら約束は破られたことになるのでしょうか。悪いことも少し抽象的で、子どもには伝わりにくいと思います。3つめは、例えば怠学を繰り返してきた子どもに、「携帯買ってあげるから、明日から毎日登校しなさい」というような約束です。いわば親子の取引です。これはよく失敗するようです。

　こうした約束がどうしてうまくいかないかは、子どもがなかなか守れないからです。数が多ければ先ず覚えられませんし、昨日まで怠学を繰

遵守事項による指導――子どもが守れる約束をする

り返していた子どもが、例えば携帯を与えたからといって、今日から遅刻なしに継続して登校するとはとても考えられません。にもかかわらず、私たちはこういう約束をし、子どもが「約束を破った」と、周りは叱りつけるのです。つまり私たちは、乱暴な言い方かもしれませんが、守れないような約束を子どもに押しつけておいて、約束を破ったと叱るのです。私はこのやり方には賛成できません。

　これを見て私は、子どもに罪悪感や自己否定感を植えつけているようで、心が痛みます。そんなことをしますと、叱られる子どもは「僕は悪いことをした」「なんて自分はだめなやつなんだ」と感じてしまい、自己イメージや自尊感情が低下してしまいます。自分を価値ある人間と思えなくなるんです。いえ、それは傍目には見えないかもしれませんが、内心はそう感じています。私の面接でよく語ります。「高校？ 行けねえよ。バカだから」「どうせ俺なんか…どうなってもいいよ」と。そして、ふて腐れる子どもの表情が目に浮かぶようです。

　親との関わりにおいて、こうした約束事についての対応も上手に助言したいものです。〈子どもが守れそうな約束事を決めること〉。それが、このやり方の重要なポイントだと思います。そして欲を言えば、約束事項は１～２個が基本でしょうか。それならば、子どもに「忘れた！」などと言わせませんぞ。

● 第4章　親面接のワンポイント

親との連絡 ── 良いことを報告する

　子どもが不登校や怠学さらには夜遊びなどを繰り返すなど、学校や地域で問題を起こしますと、親の中には、担任や地域機関の方々と密接な連携を図ろうとする方がいます。子育てに熱心な親です。携帯電話番号やメールアドレスなどを交換し、子どもの情報を得ようと躍起になることもあるようです。関わる側も、親と連携し親の子育てを応援したり、子ども自身を指導したりする意味で大変良いことだと思います。

　ただ、少し驚いたこともありますので紹介します。

　中学生の子どもの、遅刻や早退で悩む親からの相談です。親子の関係も悪く、「お互い顔を見ればののしり合う感じなので、今はなるべく顔を合わせないようにしています」と親は言います。さっそく登校状況をうかがいますと、「今週は2日遅刻し、1日早退しただけで、あとは普通にやっていました」とのことでした。それを聞いて、私はちょっと不思議な感じがしました。どうして早退や適応状況が分かるのか？ と思ったからです。すぐに「子どもさんが早退したことや、普通に適応していたことがどうして分かったんですか？」と質問しました。そうしますと、少し怪訝な顔をして、「欠席、遅刻、早退は必ず担任から連絡があります。問題がなければ連絡がないのでわかります」ということでした。私は少し驚きました。

　「今日は遅刻（早退）した」「指導に従わなかった」などをこまめに親に連絡して何が変わるのでしょう。いえ、気持ちは痛いほど分かります。

親との連絡──良いことを報告する

「(そうだから)親の指導で子どもを遅刻(早退)させないようにしましょう」「子どもにきちんと登校を促しましょう」という励ましなのです。しかし、これを聞いた多くの親は、子どもに対して「あなた遅刻(早退)したでしょ！」と子どもを責めるのです。これは、第2章にも記しましたが、親が叱る→子どもが反発する→さらに強く親が怒る…そして親子関係が悪くなるという悪循環になるだけだと私は思います。

　どうして、「今日は8時20分には来ました。遅刻しないために走って来たようです」とか、「最近は最終授業まで頑張っていますよ」などと、良い変化は親に報告しないんでしょうか。ないからですか？　私は、子どもにとっても学校(地域)にとっても良かったことを、もっともっと積極的に親に連絡してほしいと願っています。いえ、そうした報告が実は親を元気づけるのです。親は連絡されることで勇気づけられ、帰宅した子どもを見て「そうか今日は行けたんだ」「よく我慢できたな」と思えます。だからこそ、親の子育てパワーはアップし、ののしり合う関係から、冷静に話し合える親子関係に変わっていけるのだと考えます。悪い報告は、ほんの少ーし、良い報告はたーくさんしましょう。

● 第4章　親面接のワンポイント

親一人に一人で面接 ── より対等な面接をする

　第1章の中に、「子どものことで困った親が、勇気を振り絞って一人で相談に出かけたところ、数人に囲まれ、針のむしろに座らせられて『こうしろああしろ！』と寄ってたかって責められた」と述べた親の話を書きました。もちろん受理する側が、あえて親を居心地の悪い場所に通したわけではありませんし、ましてや親に命令したり責めたりしたはずはありません。それは信じます。しかし、少なくてもその場面は親にとっては大変苦痛であったし、まるで拷問を受けているように感じたのでしょう。いずれにしても大変不幸なことです。

　親がこのように感じる背景には、一人対数人という面接の構造問題があると思います。心細いながら一人で行ったのに、何人かで相談にあたっていれば、それだけでも大変萎縮し緊張します。「え？　何で人がこんなにいるの？」と思うでしょう。そして、はじめから威圧感も感じているにもかかわらず、「今日はどんな相談ですか？」などといきなり本題に入られたりしたら、やはり上から目線は否めません。親は自分の辛い思いや、子どもと関わる苦労をスムーズに伝えられないのではないかと心配してしまいます。

　さらに、助言の問題があります。こうした面接場面で、何人もの方から質問され、親のしつけや対応の不備を探し出されたりすれば、いくら優しく「親としてこうした方がいいですよ」とか「この点は改めてください」などと助言されたとしても、親は自分のいけないところを指摘さ

親一人に一人で面接——より対等な面接をする

れた、対応を責められたと感じても無理はありません。

　この親のように、いったん面接場面が自分にとって針のむしろだと感じてしまえば、周りからのどんなすばらしい助言も親には響かず、面接効果はもたらしません。親が受け入れようとしないからです。そうしますと、この話し合いそのものが不毛な議論になってしまいそうです。「はいはい、わかりました。もう結構です」と逃げるように帰宅することでしょう。私はやはり、親一人が見えられましたら、こちらも原則一人で対応するというように、より対等な面接関係が望ましいと思います。くれぐれも、上から目線にならないようにしましょう。

　もちろん例外はあるでしょう。例えば親や子どもに、家族療法などチームで関わるような場合です。こちらはノウハウができていますので、もちろん問題はありません。問題は、親が自分の子どもへの対応の苦情や、子どものことで無理難題を言いに来られたような場合です。いわゆるクレーマーとかモンスターと言われる親への対応です。これは全く別です。その際は、受理する側も親と一人で対応しますと、「そう言ったでしょ」「いや、そうは言っていませんよ」などで、後々トラブルになるかもしれませんので、努めて冷静に複数で対応することも必要でしょう。いえ、複数対応がむしろ良いと思われます。努めて冷静に。

● 第４章　親面接のワンポイント

父（母）の招致 ── 家族で力を出す

　子どもの問題行動で苦しむ親が相談に来られた場合、例えば父親がいるのに母親だけ、母親がいるのに父親だけ、両親がいるのに祖父母で来所されたとしても、来られたその方からお話をうかがい支援していくことが基本です。それで良いのです。

　ただ、継続していく中で、子どもの行動改善がなかなか見られなかったりして、どうしても、来所されていない親に力を貸していただきたいと思うことがあります。その際、「父（母）親にも是非お会いしたいので、連れてきていただけないでしょうか」とその場でお願いしたりします。しかし、躊躇されたり、「こちらで呼んで欲しい」などと言われた場合は、どうしますか？　電話で来所を呼びかけることもあるでしょう。

　でも、私は電話が苦手です。電話で初めて話すとなりますと、どうも過度に緊張し、うまく話せません。また、突然電話することで迷惑になったりあるいは議論になったりして、招致に失敗すると自分が落ち込んでしまう気がするからです。怖いのです。そんな訳で私は、親の招致にはよく手紙を用います。手紙の良さは書き直しができることや、同僚に読んでいただいて、「これを読んで相談に行っても良いと思うか」など感想が聞けるところです。それに、たとえ読まれずに捨てられたとしても、こちらはそれほど傷つきません。来所しない親を、そう簡単には招致できないことは、私自身よく知っています。

　手紙では、下記のことに重点を置いています。

父（母）の招致――家族で力を出す

◉ 親の対応を十分ねぎらう
- 父へ：一家の大黒柱として、本当にご家族のために働いていらっしゃる…。本当に頭が下がります…。
- 母へ：毎日毎日、子どもさんと接して、愛情を注がれていらっしゃる…。子どもさんのために、一生懸命対応されている…。

◉ ワン・ダウンする
- 子どもさんの行動について、是非私に教えていただきたい。
- 父親（母親）としてのお考えをうかがって、子どもさんへの対応の参考にさせていただきたい。
- ほんの少し、お力を貸していただきたい。

◉ 無理なく誘う
- お忙しいのはよく分かります。「15分」だけでも結構です。
- 会社の帰りにでも、ちょっと立ち寄っていただければ、大変有り難いです。
- 電話だけでもいただけたら有り難いです。

これらに配慮しながら、なるべく短めに書いています。

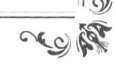

● 第4章　親面接のワンポイント

親面接の展開 ── 親と一緒に笑う

　子どものことで困っている親の多くは、子どもに振り回されたり、学校や地域への対応などで身体的にも精神的にも大変疲れています。二進も三進も行かず、「もう、どうしようもありません」と、沈んだ声で訴える親や、うつ病と診断され服薬されている親もいます。こうした親に寄り添い、支援していく場合、話を聞いて辛さを分かってあげることが第一です。親は話すことで気持ちが軽くなったり、受け入れられる安心感も得られるでしょう。今までの対処を聞くことも前述しました。

　しかし、それでも親が自分の過去や子どもの問題に拘泥してしまい、面接が展開していかないことがあります。こうした場合、親の苦しみや辛さなどのがんじがらみから解放してくれるものの一つが、笑いだと考えます。ユーモアやジョーク、ハプニングなどからもたらされるあの笑いです。私は笑いのセンスは全くありませんが、偶然展開した例があります。

◉ **母を通して父を招致した際のことです。**
　3回目の面接で、母は「夫は内向的な人で…」と言って連れてきてくださいました。確かにうつむき加減で目も合わせませんでした。そのとき、私は父にあわせて静かな声で、「どうぞ」と手を出して椅子を勧めました。そうしたところ、父は握手を求められたと勘違いしたのか、恥ずかしそうに手を差し出したのです。すかさず私は握りしめました。そ

れを見て母は思わず笑い出し、つられて父も私も笑ってしまいました。その後面接は思いの外明るく進みました。

◉ **子どもが不登校で勉強が遅れると心配している親です。**
　「少しくらい登校しなくても大丈夫、と周りの人は言いますけど、それって勉強ができた方の話ですよね。先生もできたんでしょ」振られた際に、「先生って私のことですか？」と驚きましたが、「そうですね。上の方でした」と答えました。「やっぱりね」と冷ややかに言われました。そのとき私は「上は上でも、下の上っていうところだったかな」と返しました。私は本当のことを言ったのですが、親は大声で笑いました。そして面接は弾みました。

　センスのない私が言うのもおかしな話ですが、笑いは面接を展開させる際の隠し味として、とても大切だと考えています。ただし、気をつけていることがあります。それは
• 面接の場をよく読む〜笑いは控えめにする
• 相談者や周りの人を傷つけない、悲しませない〜一緒に楽しむ
ということです。人の悪口や失敗を笑うようなことはしませんが、私の場合は、自虐ネタは多少あります。

● 第4章　親面接のワンポイント

事態の好転 ── 子どもが動物を連れてきた

　子どもの問題がなかなか好転しなくて、親面接を続けているとき、ふと「子どもが動物を飼い始めた」というような話を聞くことがあります。何でもないような話ですが、私はこの動物が出てくることで、子どもの行動が変化したのではないか、と感じる経験を何度かしています。

◉ **不良交遊を繰り返す中学3年男子**
　友達と茂みに入って喫煙していたところ、生まれて間もない子猫が1匹捨てられていた。どうしても置いて帰れなくて、家族にも言わず家に連れてきた。突然の仲間入りに家族はすったもんだの大騒ぎ。そうしたところ、家族のことには蚊帳の外だった子どもが、「俺が世話をするからいい！」と言い張り、周りの大人に育て方を教わるようになった。気がついてみれば少し落ちついた感じ。（母）

◉ **怠学で進路変更を勧められた高1女子**
　本人が街を散策中に、ある張り紙を見てペットショップに入ったところ、「1匹の犬に見つめられたから…飼いたい」と家に電話してきた。しかし、犬嫌いの祖母と口論になった。それでも、自分の言葉でなんとか家族を説得し、飼い始めた。祖母はいい顔をしないが、自分で早朝から世話をし散歩をさせている。そのまま学校にも遅刻しないで登校するようになった。（父）

事態の好転——子どもが動物を連れてきた

　動物を飼えるということは、それだけ心のゆとりが出てきたと言えるかもしれません。ただ、私はそれだけではないと考えています。子どもの前に現れたこの猫や犬は、自然や社会の秩序を破り、引っかき回すいたずら好きのトリックスター（いたずらや策略で秩序を乱す一方、新しい状況を生み出す道化的存在）ではないかと思うことがあります。ですから、出現することで周りは驚いたり困ったりするのですが、結果的には好転をもたらしてくれると、私は勝手に思っています。

　膠着した親子関係で、動物が出てきたような場合は、大変興味を持って、しつこく聞いています。そして、少しでも子ども自身や家族関係に変化がないか確かめています。「困った。毎日が大変です」という中にも、良い変化が潜んでいるように感じています。「そう言えば、顔つきが和らいだかも」「（動物のことで）家族のコミュニケーションが増えた」などと少しでも語られましたら、事態は好転しています。時々改めて聞いていくことを私は良く実行しています。

　ただ、親の中には「動物でも飼えば、子どもも変わるかも…」と買ってくる方がいます。でも、こうして押しつけた動物は、トリックスターにはなり得ないようです。「最初は喜んで散歩に連れて行ったがすぐに飽きてしまった。困った」という話はよく聞きます。念のために。

● 第４章　親面接のワンポイント

子どもの携帯電話対策 ── フィルタリングサービスを利用する

　今、子どもたちにとっての携帯電話は、話す機能だけではなく、インターネット利用が大きな目的となっています。インターネットは、いつでも自分が好きなときに、欲しい情報を欲しいだけ得ることができます。多くの人が、電車の時刻を調べたり、グルメ店情報を得たり、通販で買い物したり…と頻繁に利用している大変便利なツール（道具）です。

　しかし、一方では、出会い系やアダルトサイト、さらには違法サイトなどの有害情報サイトにアクセスしてしまい、トラブルや犯罪などに巻き込まれてしまうケースも発生しています。甘い言葉に乗せられて売春させられた女子中学生や、ワンクリック詐欺にあい、バイトでお金を実際に振り込み続けた高校生も見てきました。特に子どもは好奇心が旺盛で、後先考えずにアクセスしてしまうこともしばしば見られます。こうしたことに親の指導が十分届かない場合、この問題を解決してくれるのが〈携帯電話フィルタリングサービス〉で、特定のサイトへのアクセスを制限してくれるサービスです。

下記に概要を記しています。

　今、保護者は18歳未満の子どもが利用する携帯電話を購入する場合は、事業者にその旨を申し出なければなりません。また、申し出を受けた事業者にはフィルタリングサービスを提供する義務が課せられています。サービスには下記の方式の他、時間帯による接続制限などもあるようです。そして今後は多様な方法が出てくると思います。こうしたこと

子どもの携帯電話対策──フィルタリングサービスを利用する ●

を、親に対して上手に助言できると良いと思います。

フィルタリングサービス

名 称	ホワイトリスト方式	ブラックリスト方式
方 式	子どもにとって、安全で有益と思われるホームページのリストを作り、それだけを見せるようにする。	「暴力」「出会い」など、子どもに見せたくないホームページリストを作り、それらを見せないようにする。
長 所	違法な情報や、有害な情報を遮断できる。	リスト掲載をチェックするため有益なサイトを遮断しない。
短 所	ホワイトリストに載っていなければ他の有益なサイトまで見ることができなくなる。	リストに掲載されるまで、有害な情報も見ることができてしまう。

参考文献

- アメリカ夫婦家族療法学会（編）．日本家族心理学会（訳）．家族療法事典．星和書店，1986．
- 大河原美以．怒りをコントロールできない子の理解と援助―教師と親のかかわり．金子書房，2004．
- 警察庁．使っていますか？ フィルタリング（パンフレット）．広報けいしちょう第48号，2011．
- 田尾雅夫ほか．バーンアウトの理論と実際―心理学的アプローチ．誠信書房，1996．
- 長谷川啓三．ソリューション・バンク―ブリーフセラピーの哲学と新展開．金子書房，2005．
- 長谷川啓三ほか．ブリーフセラピーの新しい流れ．安田生命社会事業団，2003．
- 平木典子．家族カウンセリング入門―家族臨床援助．安田生命社会事業団，2003．
- 平木典子．家族との心理療法―初心者のために．垣内出版，1998．
- 藤掛 明．非行カウンセリング入門―背伸びと行動化を扱う心理臨床．金剛出版，2002．
- 星野仁彦．気づいて！ 子どもの心のSOS．子どもの心の病全書，ヴォイス，2006．
- 森 俊夫．先生のためのやさしいブリーフセラピー―読めば面接が楽しくなる．ほんの森出版，2000．
- 森 俊夫．"問題行動の意味"にこだわるより"解決志向"で行こう．ほんの森ブックレット，ほんの森出版，2001．
- 山崎晃資ほか（編）．心の家庭医学．保健同人社，2011．

- 若島孔文ほか．よくわかる！短期療法ガイドブック．金剛出版，2000．

おわりに
──読んでいただきましてありがとうございました

　読んでいただき、どのような感想を持たれたでしょうか。
　日々、親と格闘している方には、対応が弱腰過ぎる、そんなにへりくだって良いのか？ などとお感じになったかもしれません。それもわかるような気がします。何せ、今の親はクレーマーでありモンスターなんでしょうから。役所に勤める私の知人が、「（車を持っているにもかかわらず）子どもの給食費を払おうとしない親、役所に来ては教師批判をする親…。そんな親に、優しくしていたらどうしようもないよ。毎日が戦いだよ、戦い！」と嘆いていました。
　もちろん、親と毅然と対応しなければならない場合もあるでしょう。時には、訴訟や裁判も覚悟しなければならないことがあるかもしれません。でも、そうした困った親への対処法は他書にお譲りいたします。また逆に、親がどうしても動かない、どう説得しても分かってもらえないと、対応を諦めてしまうこともあるでしょう。それもやむを得ません。
　しかし、少なくても最初から戦闘モードや諦めモードで良いわけではありません。問題を起こしている子どもを持つ親の多くは、

おわりに

　現実、大変苦しんでいます。何とか助けを求めています。そうした親のために、極めて稚拙ではありますが、少年相談専門職の立場から親との面接について書いてみました。一つの試みです。読んでいただきまして、少しでも多くの親が救われることを心から願っています。

　本書のおわりに当たって、感謝したい方がたくさんいます。

　筆を執るきっかけとなったのは、以前一緒に仕事をさせていただきました、東京保護観察所の里見有功氏、柳沢真希子氏（現甲府保護観察所）、及川里子氏らによる、夜な夜なのおだてと冷やかしと励ましです。今となっては感謝しています。そして、出版を快く了承していただきました上司の皆様、心の深さに改めてお礼申し上げます。

　最後に、このような稚拙な文章にもかかわらず、粘り強く活字にしていただきました、学樹書院の平尾真理様に深く感謝申し上げます。本当にありがとうございました。

　　　　　平成 24 年 9 月

　　　　　　　　　　　　　　　　　　　　　　　荒井　茂

著者

荒井　茂（あらい・しげる）

新潟大学人文学部（心理学専攻）卒業。心理職員として警視庁に入庁。心理適性や犯罪被害者支援そして少年相談を担当。現在、少年相談専門職として勤務。臨床心理士。著書『こどもからのSOS―この声が聞こえますか』（共著）、小学館、2000。

著　者	荒井　茂
印刷日	2012 年 9 月 20 日
発行日	2012 年 10 月 15 日

発行所　株式会社 学 樹 書 院
所在地　〒 151-0071　東京都渋谷区本町 1-4-3
　　　　TEL 03-5333-3473　FAX 03-3375-2356
　　　　http://www.gakuju.com
　　　　印刷・製本　シナノ印刷株式会社

©2012 Gakuju Shoin KK. All rights reserved.
ISBN 978-4-906502-36-3 C0011
Printed and bound in Japan

JCOPY ＜(社)出版者著作権管理機構 委託出版物＞

本書の無断複写は著作権法上での例外を除き禁じられています。複写される場合は，そのつど事前に，(社) 出版者著作権管理機構（電話 03-3513-6969，FAX 03-3513-6979，e-mail: info@jcopy.or.jp）の許諾を得てください。